一気に

「使える英語」が身につく

Magical English Learning

魔法の英語学習法

7500人の夢を叶えた「奇跡を起こす学校」NICの秘密

米国TOEFL理事会理事(2001-05)
NIC International College in Japan 代表
教育学博士
廣田和子

青春出版社

はじめに

長年、「日本人は英語が使えない」といわれています。

私は、英語能力を測る世界基準テストを管理・運営する米国ＴＯＥＦＬ《トフル》理事会の理事に、二〇〇一年から四年間にわたって日本人として初めて就任していましたが、そのＴＯＥＦＬの日本人の平均スコアの低さには本当に目を覆《おお》いたくなります。

なにしろアジア二三カ国中、下から二番目。スピーキングにいたっては世界一五一カ国中、最下位という有様です（二〇〇七年）。

十年学んでも英語を使えない、話せない――。

その理由は、英語の特性を理解していない、今までの「学び方」にあります。

あなたは、英語の勉強というと、何を思い浮かべますか。

楽しいとはいえない文法を中心に、ひたすら単語やフレーズを「覚えること」「暗記すること」だと思っていませんか。

ずばり言いますと、イエスとノーがはっきりした英語では、はっきりした意見を持つこと——論理的思考（クリティカル・シンキング）が英語力上達の要《かなめ》になります。

英語は、明確な言語です。日本語のようなあいまいな表現もありません。動詞が最後に来る日本語と違い、主語、動詞から始まる英語では、自分の言いたいことを先に言わなくてはなりません。

つまり、英語は言語の特性上、論理的に伝える必要があり、いくら単語や文法を多く知っていても、この論理的に考える力なくして使えるようにはならないのです。

私たちＮＩＣ（NIC International College in Japan）では、この論理的思考を基盤とした英語教育で、どんなに英語力が低くても、たった一年で、ネイティブ並みに上達させることができます。

そして、二〇年以上で七五〇〇人を超える若者を、正規留学生として海外に送り出してきました。ＵＣＬＡ、ＵＣバークレー、ケンブリッジなど、世界の名門大学への正規留学生も多数輩出しています。

入学時にはｂｅ動詞もろくにわからなかった学生や、不登校、引きこもりだった人もいます。また、東大を蹴ってくる学生もいます。まさに「落ちこぼれ」から「浮きこぼれ」まで、日本の教育の枠におさまりきれない学生たちが全国から集まってきます。

そんな学生たちが、ＮＩＣの英語学習を通して、積極的に自分の考えを表現するようになり、続々と世界の第一線で活躍する夢を叶えているのです。まさに奇跡の教育法であり、海外では「ＮＩＣマジック」とさえ呼ばれています。

この本ではそうしたＮＩＣでの英語学習の極意を初めて明かすことにしました。日本の現状の英語教育と対比しながら、ＮＩＣ式の特長をわかりやすく説明していくことを心がけました。

どの章から読みはじめても結構です。全編を通して、ＮＩＣのリミットのない教育、見捨てない教育、とことんまで可能性を追求させる教育のエッセンスがちりばめられています。実践的に日常生活でＮＩＣ式の英語勉強法にトライしたいという方は、ぜひ3・4章をご覧ください。

本書を読んで、一人でも多くの方が本物の英語力を身につけ、それぞれの夢を叶え、世界という舞台で活躍できることを祈っています。

廣田　和子

今までの英語学習法との主な３つの違い

1 イエス・ノーがはっきりした英語の特性上、はっきり、論理的に考えること（クリティカル・シンキング）が上達のカギ！

2 インプット（文法や単語を覚える）ではなく、アウトプット（考える、表現する）で学ぶ

3 つねに自分の考えや夢を明確にする英語学習で、潜在能力が目覚め、才能が開花する

だから、楽しく、効率よく
「使える英語」が身につく

「使える英語」が一気に身につく魔法の英語学習法 ㊥ 目次

2章 「話す力」と「考える力」が同時に身につく画期的方法
――インプット（単語や文法を覚える）からアウトプット（英語で考える・表現する）へ

4章 リーディングを鍛えると、英語は聞き取れる
――自分でできるNIC流英語勉強法② リーディング・リスニング編

5章 ホンモノの英語力で自分の世界が変わる！

——英語を学ぶことを通じて、人生に「セレンディピティ《〈予期せぬ良い出来事〉》」を起こす

本文図版デザイン　センターメディア

序章

“英語力ゼロ”が“ネイティブ”に変わる、奇跡のNIC学習法

世界の名門大学の卒業生を続々輩出する驚異の実績とは

英語力ゼロから始めて、たった1年で夢をかなえた感動

二〇〇六年四月六日、新宿のホテルで開かれたＮＩＣ一八期生の修了式。英語での見事な修了生代表スピーチを終え、満足そうな笑顔で壇上から降りてくるＡ君を見て、私の心はいつもにも増して震えていました。

来賓《らいひん》、関係者を含めた何百人もの出席者のほとんどが、まさか彼が一年前までｂｅ動詞もおぼつかない学生だったとは想像もつかなかったことでしょう。

でもＡ君の入学当時のＴＯＥＦＬ《トフル》テストの点数は三二〇点。ＴＯＥＦＬは、英語を母国語としない人のために世界で行われている英語能力ですが、それで三二〇点というのは、英語能力がほとんどゼロに近いことを意味します。

そんな入学当時の彼を知っている私は、その堂々としたスピーチの様子を見てあらためて思いました。

「人は一年という短期間でも、ここまで変われるのだ」と。

彼は英語力以外にも、ちょっと変わった経歴を持っていました。「役者になりたい」と高校を中退し、家も飛び出して、さまざまな仕事を経験した彼はある日、知人から焼鳥屋を任されることになります。英語どころか、普通の勉強ともほど遠い生活でしたが、それなりに楽しさを感じていて、ゆくゆくは自分で店を出そうかと思っていたといいます。

ところが、ふとした瞬間から、同年代の人と比べて自分は何かが違うと感じるようになり、自分には「知性」が足りないと思ったそうです。

そんな彼が一念発起して勉強をはじめ、大検（大学入学資格検定。現在の高等学校卒業程度認定試験）に合格した後、ＮＩＣにやってきたのは二四歳のときのことでした。

英語の成績ではとてもＮＩＣに合格するレベルではありませんでした。それでも、入学できたのは、彼の「やる気」が半端ではなかったからでしょう。

ＮＩＣでは英語がどんなにできない人でも、本人の「やる気」さえあれば英語力を上げていけるという自信も実績もあります。ですから、入学試験に際しては、英語の能力よりも面接を重視しているわけです。

入学したA君はお金もなかったので、新聞奨学生として毎朝・毎夕、新聞配達をして働きながら、ひたすら勉強をしました。そしてレベル別で六クラスあるうちの一番下のレベルであるHB（High Beginning）クラスからはじまり、学期ごとに二段階ずつ上がっていき、八カ月で上級のクラスまで到達してしまったのです。上級のクラスといえば、もうネイティブ並の英語の実力です。

さぞかし苦労をして、つらい日々を送ったのだろうと思うかもしれませんが、彼は「八カ月間、NICの勉強だけに打ち込んでいたところ、いつのまにかこのレベルまで来てしまったという感じです」と、持ち前の明るい笑顔で話してくれました。

TOEFLの点数も、三二〇点から五二三点までアップ。修了後、彼はネバダ州立トラッキーメドウズ・カレッジの教養学科に進学。成績はトップ。四段階評価で三・八という極めて優秀な成績をとって、一年半で二年制の大学課程を終えてしまいました。アメリカ人学生の卒業の平均値が二・八ですから、アメリカ人以上に優れた実力を身につけていたことがわかります。

「今は、生きているだけで気持ちいい。朝起きて、歩いて、学校行って、そして帰るだけで楽しい。日本にいたときは『現状に満たされないからこその頑張り』だったけど、今は本当の意味で自分のためにがんばる、自分の幸せのためにがんばっている実感があるんです」

ＮＩＣスタッフが現地までインタビューに行ったとき、彼はそう語ってくれました。感動したスタッフがすぐに私に電話をしてきたのを覚えています。

「廣田先生、A君に会ったところですが、感動しました！　彼はこう言ったんです。『考えてみれば、リノに来ること（留学すること）が夢だった。そして、それが叶った。いまは新聞配達もないから楽だし、こうして息吸ってるだけで幸せなんだ』と」

A君はＮＩＣでの一年間で変わっただけではなく、渡米後にも新たな体験を通してその何倍もの成長を遂げていたのです。

世界最先端のロボットカーレースに登場した「変人くん」

ＮＩＣの修了生が持つ最大の強みは、ネイティブにまじって活躍できる英語力を身につけているということです。

それは、単に英語を読み書きできるという能力にとどまりません。他人の考えを理解し、自分の意見を伝える、表現するというコミュニケーション能力に優れているのです。

これまでに七五〇〇人以上の学生がＮＩＣから巣立っていきましたが、毎年九五パーセント以上の学生が一年間の学びを修了し、外国に留学して、現地でネイティブにまじって優秀な成績をとっています。

現地の大学を卒業した後は、そのまま海外に残って仕事をしている人も多くいますし、海外留学の経験を活かして日本でそれぞれの専門分野で活躍しています。

一九九九年にＮＩＣを修了した一一期生のＫ君も、素晴らしい活躍をしている一人です。

彼は、二〇〇三年にカリフォルニア大学サンタバーバラ校電気工学部を卒業後、カーネギーメロン大学大学院に進学してロボット工学を専攻しました。

カーネギーメロン大学といえばアメリカ有数の名門工科大学で、数多くのノーベル賞受賞者を輩出していることでも知られています。その大学院で、人工知能の分野では世界最高という教授のもとで勉強することになります。

そして翌二〇〇四年、米国国防総省（ペンタゴン）が主催するロボットカーレースに、大学チームの主要メンバーとして参加。レースの模様はＮＨＫでも放送され、唯一の日本人としてＫ君がクローズアップされました。

ロボットカーというのは人工知能を搭載した無人自動車のことで、本物の自動車を改造してつくったものです。このレースには世界中から大学や企業の有志などのチームが参加して、多額の賞金がかかっています。Ｋ君は、人間の目の代わりとなるスキャナーの基盤となる技術を担当。そして、彼の所属するカーネギーメロン大学チームは、見事に最高位の結果を出したのです。

このときのビデオを私もスタッフたちと一緒に見たのですが、重要なプログラムの開発を任され、試行錯誤して問題解決にあたる彼の姿は、留学生であるとか外国人であるということをまったく感じさせませんでした。完全にチームの一員として奮闘するＫ君の姿に、すっかり引き込まれてしまいました。

それにしても、思い出すのはＮＩＣ時代のＫ君の姿です。

金沢出身の彼は、そうとうの変わり者で、髪の毛は後ろで結《ゆ》ったちょんまげスタイル。いつも和服っぽいものを着ていたので、私たちは〝サムライくん〟と呼んでいました。そして毎日、クマのぬいぐるみ型デイパックを背負って通っていました。

そんなことを思い出しながら見ていると、ロボットの隅っこのほうに、あのクマさんがちょこんと乗っているではありませんか。スタッフ一同が歓声を上げました。

「うわーっ、K君だ！　変わってないね！」

彼はＮＩＣに入る前に、日本の大学に一時在籍していたのですが、保守的な校風に合わずに退学しました。

あの変人ぶりを見ていると納得できるような気がしますが、ＮＩＣでは実にのびのびと過ごしていました。

ＮＩＣには、多くの〝変人くん〟がいますが、ここでは個性があって当たり前、一人ひとりが自由にしていられるのです。

カーネギーメロン大学を卒業後、彼は日本に帰国。現在は、かねてからの念願であった宇宙ロケットやロボット工学にかかわる仕事についています。

トップガンから国際弁護士まで…世界の第一線で活躍する卒業生たち

二〇〇八年八月には、イギリスから素晴らしいニュースが飛び込んできました。

一九期生のYさんが、イギリスの超名門ケンブリッジ大学の獣医学部に進学したのです。

彼女はNICで一年間勉強したのち、NICと共同で国際教育を推進しているイギリスの教育機関の「ファースト・トラック　Aレベル　プログラム（イギリス人がイギリスの大学に行くために取らなくてはいけない二年間の必須カリキュラムを一五カ月に縮めた特別プログラム）」に入学。一五カ月間で履修を終えてから、四つの大学に願書を提出したところ、すべての大学から合格の判定を受けたのです。

ケンブリッジ大学といえば、ご存知の通り世界でも最難関の大学です。そこに、ネイティブと同じ試験を受けて合格したのですから驚くべきことです。

日本の高校を卒業してからの入学は不可能といわれていたケンブリッジ大学への入

学を達成したのですから、後輩にも不可能ではないという道筋と希望を与えてくれたのです。

その年に獣医学部に合格したのは全部で七九人。そのうち、イギリス人以外からたった一人だけ受かったのがYさんだったのです。加えて、ケンブリッジ大学獣医学部への入学は、当然ながら日本の高校卒業生ではじめての快挙でした。

小さいころから動物好きだったというYさんは、必死に勉強してようやく入学できたというのではなく、「まだまだ余裕があった」というのですから感心します。

ファースト・トラック・プログラムに在学中、彼女のアドバイザーの先生と話したときも、「英国人でも大変なのに、Yはギリギリではなく、まだまだ勉強のスペースに余裕があるんだ」と嬉しそうに報告してくれたことを覚えています。

さて、ここまで挙げた学生はけっして特別な例ではありません。NICで一年間みっちりと英語を勉強した学生たちは、ほぼ例外なくネイティブと互角に勝負できる実力をつけて、世界に羽ばたいているのです。

NICの記念すべき一期生の一人だったO君は、入学した当時のTOEFLの点数が三六〇点という成績でした。

でも、人一倍バイタリティをもっていた彼は、NICで懸命に勉強したのちに、フロリダ州にあるエンブリー・リドル航空大学に合格しました。ここは航空関係者で知らない人はいないという世界トップの大学で、パイロットのみならずNASAの宇宙飛行士も輩出しています。

卒業後、彼はアメリカ空軍のトップガン（アメリカ海軍戦闘機兵器学校）の教官に就任しました。トム・クルーズ主演の映画でご存知の方も多いと思いますが、この「トップガン」とは、空軍の上位一パーセントだけが選抜されて入れる学校です。

その後、救急救命パイロットやビジネスジェット機のパイロットとして活躍。現在は国際線の機長を務めています。

国際弁護士になったY君は、NICの二期生でした。彼がその道を選んだきっかけは、映画を観てFBIに入りたいと思ったからだといいます。

ネバダ州立大学リノ校の犯罪法学部に入学した彼は、卒業後にアメリカの少年院のような施設で一年間働いたのち、ノースウエスト航空の本社に入社。その後、日本に帰ってアルバイトをして貯めたお金で、今度はクリーブランド州立大学のロースクールに入学しました。

卒業して米国の弁護士資格を取得。宣誓式はアメリカの最高裁判所で行われたというから、大変なものです。法律の仕事は日本語でも難しいのに、それを英語でやるわけです。Y君はしばらくは大阪の法律事務所に勤務し、現在は大手メーカーの法務部で社内弁護士として活躍しています。

国際弁護士の資格を持っている人は、そうたくさんはいません。日本でも国際化が進んでいますから、海外の弁護士たちを呼びたいという弁護士事務所は多いでしょうし、日本の企業でも外資系企業においても、バイリンガルの法律の専門家として活動ができるという能力は、これからも大きな期待が寄せられるに違いありません。

「留学」と「正規留学」では、英語力のここが違う

海外留学というと、無試験で気軽に行ける語学留学を思い浮かべる人がいるかもし

れません。でも、ＮＩＣが行っている留学はそうではありません。ＮＩＣでいう留学とは、海外の大学に正式入学する「正規留学」を指しています。

正規留学では、ネイティブレベルの英語力でアメリカ人、イギリス人はもちろん、世界中からやってくる留学生などと席を並べ、彼らと同じように評価されます。ですから渡航前に、それに耐えるだけの英語力を自分のものにすると同時に、世界中の学生と競い合える知的体力を身につけておく必要があるのです。

世間一般には、ＴＯＥＦＬの結果が基準に達しないまま、「現地に行ってしまえば、何とかなるだろう」と考えて個人留学をする人も少なくありません。

もちろん、そうした人を受け入れるための語学学校や語学研修センターも数多くあります。でも、こうしたところは無試験で入学できるために、集まってくる学生のレベルや意識、そして目的もばらばらです。

そのため、カリキュラムも緩やかにできているので、大学進学を目標にしている人たちにとっては、必要な英語力がなかなかつかないので、結局のところ多くの人がドロップアウトしてしまうのです。

よく、「アメリカの大学は入学しやすく卒業しにくい」といわれますが、それは事実ではありません。きちんとやるべき勉強をしていれば、卒業はけっして難しいことではありません。このような俗説が信じられているのは、正規留学ではなく、語学研修の段階でドロップアウトする人までを含めて留学生と捉えているからなのでしょう。

一方、日本の大学がプログラムとして用意した留学もあります。

でも、それは、あくまでもある一定期間の留学体験に過ぎず、ネイティブの学生と同じレベルで評価されるわけではありません。そこで勉強したことを日本の大学の単位として認めるという特例はあるものの、卒業をめざす正規留学にくらべると意識と覚悟のレベルに明らかに差があります。

実際には、正式に学部生として大学に入学する正規留学生は少数派です。

正規留学生としてやっていくには、ネイティブと互角に勝負できなくてはなりません。少なくとも、私たちが文法や構文を考えなくても日本語が使えるのと同じレベルで、英語を使いこなせるようにする必要があります。

そんなことは不可能だと思われるかもしれませんが、それを一年間で可能にしてしまうのがＮＩＣの英語教育なのです。

「NICマジック」と呼ばれる奇跡の英語授業

ネイティブと互角に勝負するには、英語で日常会話ができるだけでは不十分です。英語で書かれた本や資料を読み込んだり、論文を書いたりできるのは当たり前。テレビのニュースも聞き取れて、映画も字幕なしで理解できなくてはなりません。

これがどれだけ大変なことであるかは、日本の企業で仕事をする外国人のことを考えれば理解できると思います。

彼らは、いくら日本語の日常会話ができても、それだけでは仕事の評価は与えられません。日本語で書かれた本や資料を読み、しっかりとした企画書を書いて、日本人を相手にプレゼンテーションをしなくては生き残れないでしょう。

それと同じことをアメリカ人やイギリス人をはじめとして、あらゆる外国人を相手にして行わなくてはならないのです。

「学校で何年勉強しても英語が話せなかったのだから、そんなレベルにまでいくのはとうてい無理」

最初からそう言ってあきらめてしまう人もいるかもしれませんが、けっしてそんなことはありません。

冒頭で紹介したA君の英語は、入学時にはまさに中学卒業レベル。そこからたった一年でネイティブと互角に勝負するレベルに達したのです。

互角どころではありません。NICの修了生は、ネバダ州立大学に進学した人を例にとってみても、その成績というのはネイティブのアメリカ人よりも高いのです。四段階評価でアメリカ人学生の平均が二・八であるのに対して、NIC出身者は三・五。これは、日本の五段階評価で四・五に相当するものですから、その成績の素晴らしさがおわかりになるでしょう。

ですから、誰もがNICの英語教育の成果に驚いて、「NICマジック」「〝魔法〟の英語教育」と呼んでいるのです。

NICの〝魔法〟の一端は、授業を見学すれば理解することができます。

こんなことがありました。NICでは一九九六年からカリフォルニア州立大学チコ校との間で、世界初の太平洋間サテライト授業をはじめました。衛星通信回線を介してモニターに映し出された相手の姿を見ながら、お互いにやりとりするという授業です。

あるとき、サテライト授業を導入したいという大学の学長がいらっしゃって、NICの授業見学に来校したことがあります。学長さんは、NICの学生たちがモニターを見ながらナチュラルスピードの英語でやりとりする姿を見て、こうおっしゃったのです。

「すごいですね。この学生たちはそろそろ卒業ですか」

でも、その学生たちは入学してまだ三カ月しかたっていなかったのです。私がそう説明すると、学長は「ええっ！」と驚き、「うちと何が違うんだろう……」と首をかしげて考え込んでしまったのです。

その大学では、いくら優秀な先生を揃えて少人数の授業をしても、学生がちっともしゃべらないので困っているというのです。

でも、NICの〝魔法〟にかかれば、そんなことはありません。学生にやる気さえあれば、ネイティブと互角かそれ以上になれる英語教育法が用意されているのです。

ライバルは一年後から始まる海外の大学で机を並べる世界中からの学生たちだという

ことも、日本の大学の学生たちとの意識の差を生んでいます。半端な甘えの気持ちは通用しないのです。

眠っている遺伝子を起こして、潜在能力を目覚めさせる

ＮＩＣの英語教育の特徴の一つは、たくさんの文章を読むことにあります。たとえば、一番下のクラスでも、二〇〜三〇ページぐらいの薄いペーパーバックを読みます。

もちろん非常にやさしい英語で書かれていて、アメリカでは子どもでも読めるレベルのものです。内容はそのときどきによって千差万別ですが、そうした本を一週間に何冊も読むわけです。

読んだだけでは終わりません。「ブックレポート」といって、読んだ本はどんな内容だったのか、そして読んだ感想を英語でまとめて提出してもらいます。

すると、先生はそのレポートを読んで、ただ単に間違いを赤字で直すだけでなく、学生に考えさせるような修正をほどこします。問題解決を学生自身がすることによって、学生が成長していくという考え方が基本にあるからです。

どなたにも経験があると思いますが、他人から一方的に教え込まれたことは、なかなか頭に残りません。でも、自分の失敗を自分自身で直していけば、次回からは絶対に同じ間違いをしないものなのです。

こうしたリーディングとブックレポートを繰り返していくうちに、みるみるうちに単語力も文法力も身についていくのが、ＮＩＣの英語教育の基本です。

読んでもらう本も厳選して、学生がおもしろいと感じるテーマのものを選びます。そうすると、クラス内でディスカッションをはじめるきっかけにもなります。

それはそうでしょう。おもしろいものを見たり聞いたりすれば、誰だって人にそれを話したくなるものです。ディスカッションをしていけば、思いがけない反論に出会うこともあるでしょう。また、自分一人では想像できなかった発想に出合うこともあるはずです。

そうやって頭をどんどん動かしていくと、それまで眠っていた能力がはっきりと目覚めることに気づきます。やがて、「これが自分の限界」と思い込んでいた枠を打ち破って、信じられないほどの力を発揮することができるのです。

ＮＩＣのサポーターであり、**遺伝子学の世界的権威である村上和雄筑波大学名誉教授によれば、わたしたちの身体には六〇兆個の細胞があり、その中の遺伝子のうち、実際に使っているのは二パーセント程度に過ぎない**といいます。あとの九八パーセントは眠っている状態にあるそうです。

それを起こすことができるかどうか、それは遺伝子をスイッチオンできるかどうかにかかっていると村上名誉教授はおっしゃっています。そして、そのスイッチオンのきっかけになるのが、笑い、喜び、感動だそうです。猛烈な勉強、劇的な環境の変化、素晴らしい出会いなど、ココロを震わす体験をする留学は、まさにこのスイッチがはいる瞬間に溢れているのです。

一生に一度や二度は、寝る間も惜しむくらい、死ぬほど、本気で懸命になって勉強することがあっていいのではないでしょうか。実際に、これまでに紹介したＮＩＣの学生たちは、驚くほどの勉強をして自分の枠を打ち破ってきたのです。

誰もが可能性をもっています。今のレベルで自分を決めてはいけません。

眠っている遺伝子にスイッチを入れる

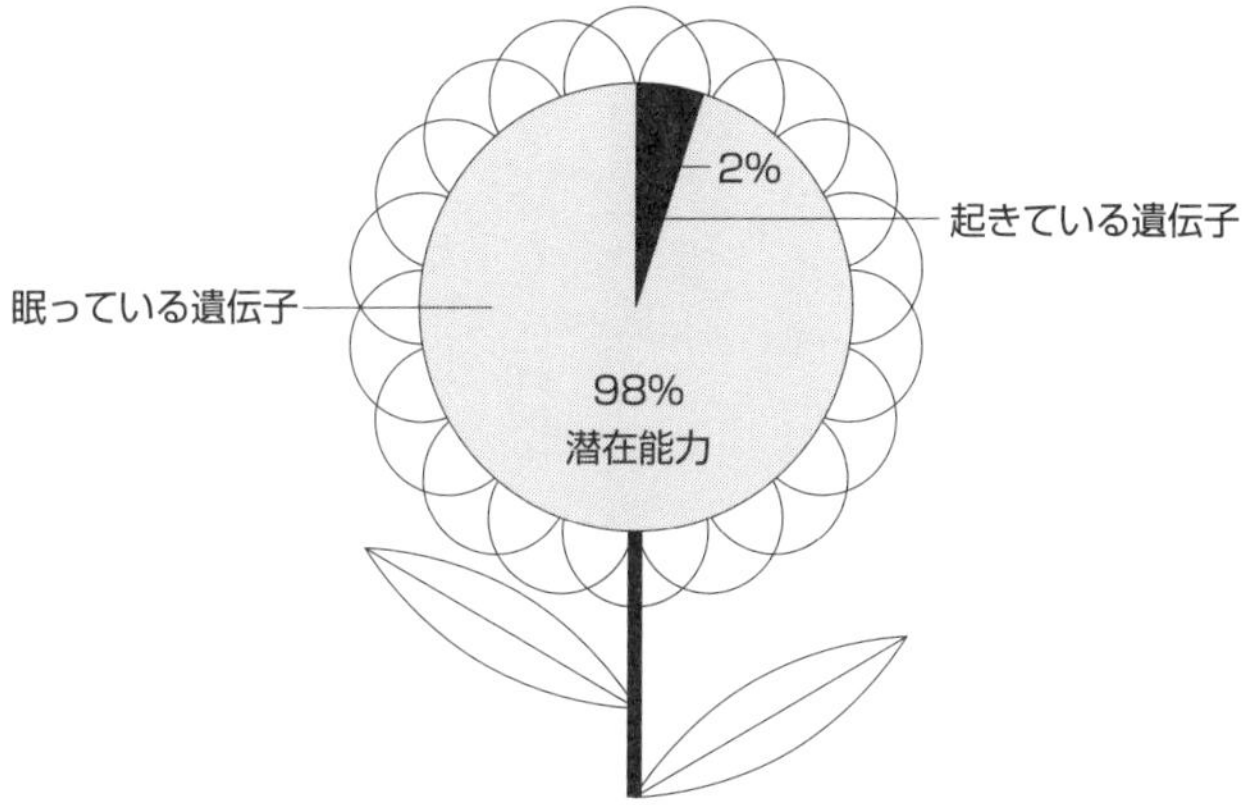

眠っている遺伝子を起こして、隠れていた本当の能力を発揮できるかどうか、それはあなた次第なのです。

実際に、まさに「遺伝子が起きた」といえる活躍を見せてくれている学生がいます。最近、何年かぶりにお会いしたのですが、あと少しで東洋医学の博士号が取得できるところまできている彼女の年齢を聞いて驚かない方はいないでしょう。なにしろ来年で七〇歳なのです。

長年、高校で国語の教師を務め、定年後の六〇歳のときにNICに入学。その当時は英語がまったく頭の中に入ってこなかったといいます。渡米後も苦労の連続。でもつねにクラスでは一番前の席に座り、人一倍の頑張りを見せた彼女の周りには、自然に〝応援団〟とでも呼ぶべき仲間が増えていきました。

「私は元教師ですから、カンニングだけは絶対にしないと心に誓っているんです。でも周りの学生たちが、頼んでもないのに教えてくれるんです（笑）」

そして、その輪は学生だけにとどまらず教授にも広がり、テストのときに最後の一人になって残って頑張っている姿を見て、「Kathy（Kさんの愛称）、もういいよ。十分に頑張っている」と助けてくれるのだそうです。

そんなKさんは、NIC在学中は十倍速で英語が消えていったのに、いまではシャワーのように頭の中に入ってくるようになったと嬉しそうに笑っていました。そして彼女は、

「ここまで来れたのは、周りの人が助けてくれたからです。自分ひとりの力ではないんです。本当に感謝してます。原点であるNICでの一年は私にとって十年分の価値がありました。そして、頑張っていれば、夢は向こうからやってきてくれる」

と、本当に今でも一八歳のようなキラキラと輝く目をして語ってくれました。

「先生、私はこれから三〇年は生きますよ。ここまで頑張ってきたんですから、もっ

たいないですからね。夢があるんですよ」

と語るKさんの夢は、東洋医学の医者になって、後進を育てる道に進むか、それとも国境なき医師団に加わるか……などなど、七〇歳はまだ、これからの新しい人生のスタートラインであることを教えてくれました。

英文法の勉強がいらなくなる〝しくみ〟

「いくら文章を読んでも、文法がわからなくては英語を理解できないのでは?」

そうした疑問を抱く人がいるかもしれませんが、そんなことはありません。文法もまた、たくさんの本を読むこと、そしてレポートを書くことによって身につけるというのがＮＩＣの考え方です。

確かに、これまでの学校教育ではグラマー（文法）、リーディング（読解）、ライティング（作文）というように授業が細かく分かれていました。グラマーの時間になると、関係代名詞がどうの、第三文型とか第四文型だとか、そうしたことをたくさん覚えさせられた人も多いでしょう。

でも、それで英語の理解が進んだでしょうか。文章がすらすら読めるようになり、会話がうまくできるようになったでしょうか。そんなことはないと思います。むしろ、英語はつまらないものという意識が強くなって、英語嫌いを増やしただけだったはずです。

現在進行形の単元になれば現在進行形ばかり、過去分詞になれば過去分詞ばかりと何日も続けるのですから、つまらなくなるのも無理はありません。

ＮＩＣでは文法を「ストラクチャー」と呼んでいて、**英語の文章を読むなかで、そのストラクチャーの勉強をするというしくみ**になっています。文法を独立して教えることはありません。大量の実践を通じて法則を学んでいくわけです。

リーディングは学生が興味を持つようなテーマの本を厳選していますから、そのなかでストラクチャーの勉強をしても、授業がつまらないということはありません。

もちろん、下のレベルのクラスでは文法が弱いので、ストラクチャーの勉強を重視するという傾向はあります。でも、最初から日本の学校教育のように細かい文法を厳

文法は「丸暗記」ではなく、多読を通じて「法則」を知る

密に叩き込むといったことはしません。

「そうはいっても、文法を知らなくてはブックレポートも書けないのでは？」

確かに、レポートを書かせていけば、当然ながら文法的な間違いもたくさん出てきます。それは、先生がきちんとチェックして、「ここは時制が違っている」「これは前置詞がおかしい」といった指摘をするわけです。

その場合、さきほども触れたように、単に間違いを直すのではなく、学生自身が考えて自分で解決するように修正をしていくのです。

もちろん、最上級レベルのクラスになれば、レポートを正確に書けるようにしなく

てはネイティブと互角に勝負できません。そのレベルに達した学生には厳しくチェックをしますが、初めの段階では杓子定規に細部にわたったチェックをして学生を萎縮させるのではなく、さりげなく直してあげたり、意味の通じるところはあえてそのままにしたりというように、いいところを引き出して学生をやる気にさせるのがＮＩＣの教授法なのです。

英文の全文和訳は時間のムダ

ＮＩＣの学生は、間違ってもテキストを全文和訳するということはしません。これまでの英語の予習というと、テキストに書かれた英単語を一字一句日本語に訳して、それぞれの単語の下に日本語の意味を書いていたという人も多いでしょう。でも、「明日までに三〇ページ読んできなさい」という宿題を出されたときに、わからない単語すべてを辞書を引いて調べていたら、いくら時間があっても足りません。

リーディングは「日本語訳」より「英文要約」が効果的

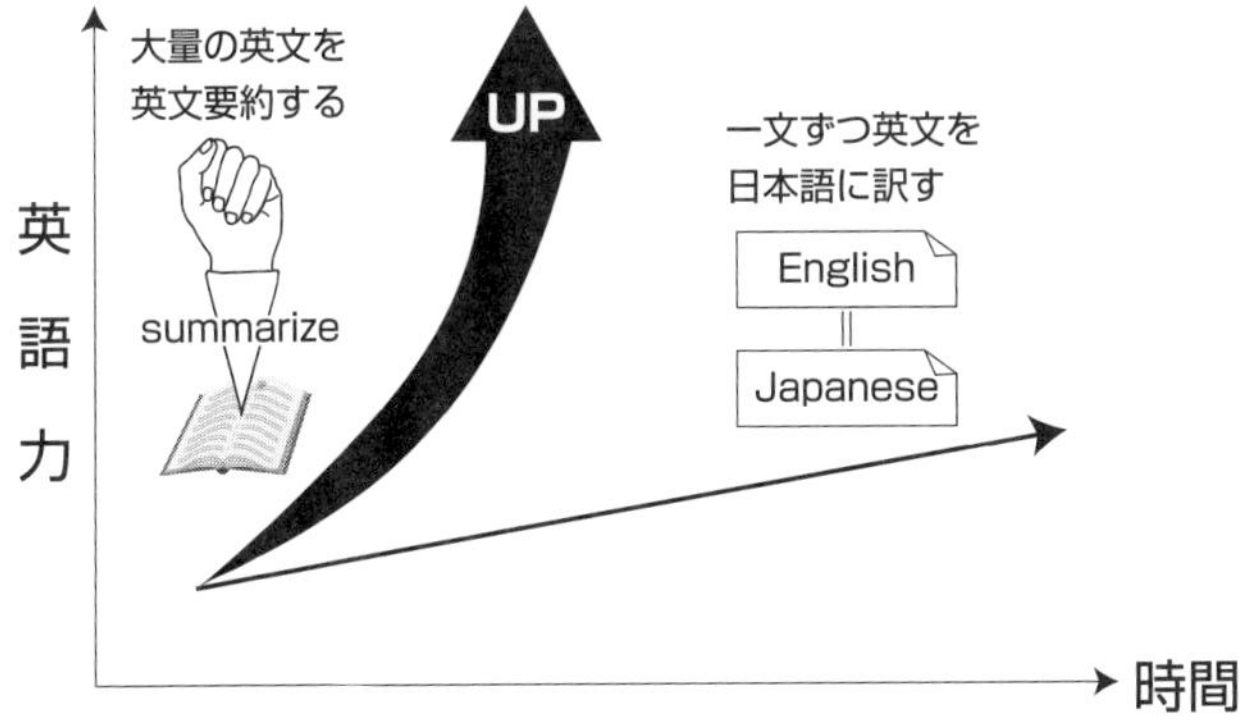

では、どうやって本を読めばいいのでしょうか。限られた時間のなか、わからない単語をいちいち調べずに読み進めるには、前後の文脈から推測するほかありません。かといって、まったく調べなくては読み進めることができません。

そこで、学生は気づきます。

「そうか、キーワードだけ調べればいいんだ」

それに気づくことができれば、五〇ページや一〇〇ページになっても読むことが可能になります。

最初のうちは試行錯誤の繰り返しですが、**量をこなすうちに、どれが文章のキーワードかということも読み取ることができるよ**

うになり、ポイントを絞って長い文章が読めるようになるのです。そうすることで、全体を把握することができるようになります。

さて、ここまでは自宅での予習の進め方ですが、リーディングの授業の進め方もNICには特徴があります。

リーディングの授業というと、英文を読んでから一文ごとに和訳していくというイメージしかない人も多いでしょう。しかも、短い文章を一カ所でもおろそかにすることなく、かみ砕いて、かみ砕いて逐語訳をしながら進めていくという印象です。

でも、NICではそもそもすべてを英語で行うわけですから、そうした**英文和訳は行いません。**

ではどうするのかというと、家で読んできた文章を誰かが英語で要約。それに対する質問やディスカッションをまた英語で行うのです。つまり、すべて英語で理解し、英語で考えるということです。英語をそのまま頭の中に入れていくわけです。

リーディングで大切なのは英単語を覚えることではなくて、英語で書かれた文章を読んで理解することにあります。

かみ砕いて和訳して一つひとつの文の意味がわかっても、文章全体、あるいは本全体の内容が理解できなければ、それだけ知識が入ってこないと考えるからです。

とくにＮＩＣの場合は、一年間でネイティブと互角の実力をつけなくてはならないというデッドラインがあるために、そうしたやり方をしないと量がこなせないのです。

初めて聞くと、とても無理なことと思うかもしれませんが、それはけっして不可能ではありません。要は、本人にやる気があると同時に、その能力を最大限に引き出す適切な英語学習法があるかどうかなのです。

Whyの習慣（クリティカル・シンキング）で、英語力は飛躍的に伸びる

ＮＩＣの授業でもっとも重要なポイントは、クリティカル・シンキングの力を養うことにあります。

「論理的思考」と訳されているクリティカル・シンキングは、残念ながら、現在の日本人にもっとも欠けている能力といわざるをえません。

具体的な例を挙げて説明しましょう。

歴史の時間にナポレオンについて勉強するとしましょう。日本の授業では何年にナポレオンが即位して、何年に戦争を起こしたといった事実関係を覚えるだけで終わることがほとんどだと思います。これは学びというより、暗記に過ぎません。

ＮＩＣでは何をするのかといえば、本の内容は読んできて、授業ではたとえば「ナポレオンは独裁主義者だったのか、解放者だったのか」というテーマについて、みんなで考えていくのです。

もちろん、独裁主義者だという学生もいるでしょうし、解放者であり英雄であったと考える学生もいるでしょう。どちらの場合でも、その理由を自分なりに考えて、ほかの人にわかるように論理を組み立てて発言するのです。

すると、それに対して「いや、そうじゃない」と反論が出たり、「やっぱりそうだ」という賛成意見が出たりして、ディスカッションが進められていきます。その段階において、「ではなぜ、ナポレオンは戦争をしかけたのか」「なぜ、追放されたのか」というふうに、“Why”「なぜ?」という問いかけが、先生やほかの学生から、あるいは自分自身のうちから発せられることでしょう。

クリティカル・シンキングはWhy?から始まる

その理由を考えることで分析が深まり、ものごとを論理的に考えるくせがついていきます。同じ英語の教材を使った勉強でも、これだけ違うことができるわけです。

従来の英語の勉強というのは、会話にしても文法にしても、和訳するか丸覚えするしかありませんでした。答えは、正しいか正しくないかの一つ。間違えたらすべて否定されてしまうのですから、どうしてもびくびくしながらの勉強になってしまいます。とても興味をもって勉強しようという気にはなれません。

その結果、できない子は落ちこぼれてしまい、逆にできすぎる子にとってはおもしろくないので、「浮きこぼれ」てしまうわけです。これでは、眠っている遺伝子を目覚めさせるどころか、せっかくの能力を押し殺す結果になってしまいます。こんなもったいないことはありません。

クリティカル・シンキングがいかに重要であるかは、日本の企業においても意識されるようになりました。

というのも、**今の日本で求められているのは、指示されたことを従順にこなすだけの人ではなく、みずから考えて問題を解決していく人材だからです。**

そして、クリティカル・シンキングを養うために、英語の勉強というのは非常に適していると考えています。そのことについては、次章で改めて詳しく説明することにしましょう。

本当の勉強はこんなに楽しい！

勉強とはつらいもの——そう思い込んでいませんか。

「ＮＩＣの授業も真剣勝負だというから、さぞ厳しい顔をしてやっているのではないか」

「学生の間のライバル心も、そうとう激しいに違いない」

そんな先入観を持っている人は、ＮＩＣの授業を見学して誰もがびっくりします。

ある高校の先生も、こう言って不思議がっていました。

「あんなに難しいことをやっているのに、誰もが楽しそうに笑っている。発言も活発で表情がいきいきしている。こんな授業は見たことがない」

よく考えてみれば、勉強をすればするほど新しいものごとを知っていくのですから、これほど楽しいことはないでしょう。

本来、勉強は楽しいものでなくてはおかしいのです。最初は大変かもしれませんが、その分だけ自分が高められていくことがわかると、厳しい勉強もやがて快感となってくるはずです。

そして、一緒にその楽しい時間を共有するクラスメートは、かけがえのない仲間であるはずです。

九州の有名進学校を卒業してＮＩＣにやってきた学生が言うには、高校時代のクラスメートはみなライバルで、本音を話せるような友人は一人もいなかったのだとか。

その学校では、勉強ができれば東大の医学部に進学するものと勝手に決められてしまい、実際に成績優秀でその道に進んだ先輩が精神的に病んでしまったのを見て、疑問を感じ始めたのだそうです。

そして自分の将来を真剣に考えた末、ＮＩＣに入学したのですが、高校時代は朝になると「また朝か」と落ち込んでいたのに、ＮＩＣに入ってからは「おー、朝だ！今日も頑張るぞ！」という気持ちになったと言っていました。

ＮＩＣでは、仲間とのやりとりも大切な勉強のうちです。仲間とのディスカッションでコミュニケーション力を高めあってこそ、ネイティブと互角に勝負できる実力がつくからです。

ＮＩＣでは、先生と学生とのレクチャースタイルの授業よりも、相互対話スタイル、小グループでのディスカッションスタイルの授業を中心に行います。

ディスカッションスタイルの授業では、たとえば、三人がグループになって自分の読んだ本のストーリーを英語で説明するというトレーニングを行います。三分ずつの持ち時間で順番に、一人がほかの二人にストーリーを説明して、最後にそれを文章にしてレポートとしてまとめます。

その過程で、自分の知らなかった知識や、考えもつかなかった意見を耳にする機会もあることでしょう。「なるほど、そういう考え方もあるんだ」「そう考える人もいるんだ」とわかることで視野が広がり、さらに勉強が楽しくなっていくわけです。

そうしたグループワークをすることで自分が高められることを、身をもって理解していくのですから、クラスメートは大切な存在なのです。

あるOBのこんな言葉が印象に残っています。

「NICのクラスメートは、お互いに励まし合って厳しい勉強をやり抜いてきた戦友のようなものです」

英語の文法や単語は一人でも覚えられるかもしれません。でも、クリティカル・シンキングの根本となるコミュニケーション力を養うには、目的を同じくする仲間の存在は欠かせないものなのです。

Magical English Learning

1章

なぜ、日本人の英語は「使えない」のか

「世界一、英語を話せない」日本の英語教育の問題点

日本人のスピーキング成績が世界一低い「本当の理由」

「日本人の英語は使えない」――現状では、残念ながらそれを認めないわけにはいきません。

それにしても、二〇〇七年に実施されたＴＯＥＦＬ試験の国別ランキングを見たときは、本当に暗澹《あんたん》たる気持ちになりました。予想よりも、はるかに成績が悪かったのです。

なかでも目も当てられない結果だったのがスピーキングでした。データの入手ができたのは世界で一五一カ国ですが、そのなかで何番目だったと思いますか。

三〇番目くらい？　五〇番目くらい？

いいえ、それどころではありません。なんと、最下位の一五一番だったのです。

上位にはデンマーク、オランダなどのヨーロッパ諸国が並び、アジア・アフリカ諸国の成績がよくないだろうというのは予想通りでした。でも、日本が一番ビリだというのはショックでした。最下位ということは、韓国、中国はもちろんのこと、北朝鮮、カンボジア、ベトナムよりも劣っているのです。

この結果に対して、「アジア諸国ではエリートを中心に受験しているけれども、日本では受験生の数が多いために、必然的に平均の成績は悪くなる」という説明をする人もいます。

それはある一定のレベルまでは言い訳として通用するかもしれません。でも最下位となると、そんなことを言っているわけにもいかないでしょう。

なによりも、スピーキングの能力が低いという事実は、非常に重大な問題だと思います。

なぜなら、事実上、英語が世界の共通語になっている現在、英語が話せないということは、他国の人たちとまともにコミュニケーションができないことを意味しているからです。

TOEFLのスピーキングのテストでは、たとえば映像や音声によって情報が一分間与えられたあと、その要旨を受験生が口頭で説明したり、試験官の質問に答えたりするという形式をとっています。そして、受験生が話した内容は録音されて本部に送られ、専門の先生方が審査・採点をするわけです。

こうしたスピーキングの形式が採用されたのは最近になってからのことですが、事前にその話を耳にして、「これまでの日本の英語教育では対応できないだろうな」と不安に思っていました。

なぜなら、この**スピーキングのテストは、まさにクリティカル・シンキング（論理的思考）を問うもの**だからです。

ところが、従来の日本の英語教育というのは、決まりきったことを学生に教え込んで、そのまま覚えさせるということに主眼をおいてきました。

学生からすれば、自分でものごとを主体的に考えたり、意見をまとめたりするトレーニングをほとんど受けていないわけです。そんな状態で、いきなりクリティカル・シンキングを問われたら、パニックに陥ってしまうことは容易に想像できました。

ちなみにスピーキング以外の結果は、リーディングが一〇三位、ライティングは一一七位（以上一五一カ国中）、リスニングは一四八カ国中一二一位、総合成績は一四九カ国中で一二六位というものでした。

どの科目もけっしてよい成績とはいえませんが、それにしてもスピーキングの最下位からは脱却しなくては、この国際化時代にますます後れをとってしまいます。

世界標準のＴＯＥＦＬ、日本国内向けのＴＯＥＩＣ

ここで、ＴＯＥＦＬについて簡単に説明しましょう。

ＴＯＥＦＬとは、Test of English as a Foreign Languageの略で、英語を母国語としない人びとのアカデミックなコミュニケーション能力を測るテストとして、一九六四年から実施されているものです。

アメリカの非営利教育団体であるＥＴＳ（Educational Testing Service）が運営しており、ＴＯＥＦＬの理事には全世界から集められた学者、教育関係者などが就任しています。任期は四年で、私自身も二〇〇一年から二〇〇五年まで理事を務めていました。

英語の試験というと、日本のビジネスパーソンはＴＯＥＩＣ（Test of English for

International Communication）を思い浮かべる人が多いかもしれません。しかし、ＴＯＥＦＬとＴＯＥＩＣには決定的な違いがあります。

ＴＯＥＩＣは、もともと日本人向けに企画されたテストであって、世界を対象にしたものではありません。

現在、ＴＯＥＩＣを重要視しているのは日本と韓国ぐらいであり、ほかの国ではほとんど知られていませんし、この両国が受験者のほとんどを占めています。

試験の内容も、英会話研修に対応したような基本的な問題がほとんどといってよく、ビジネスでよく使われる日常会話レベルの英語力を測ることはできても、クリティカル・シンキングを重視しているわけではありません。

それに対して、**ＴＯＥＦＬはアカデミックな試験であると同時に、世界的に認められた標準的な試験です**。

欧米の大学以上の教育の場で必要とされる英語によるコミュニケーションスキルを正確に判断できる根拠として、海外留学の際にはＴＯＥＦＬの成績が入学審査の基準になっています。

ＴＯＥＦＬと似た試験としては、イギリスのＩＥＬＴＳ《アイエルツ》（International English

Language Testing System）という試験があり、イギリスの大学への留学に際しては、基本的にＩＥＬＴＳの成績が審査基準になります。

「英会話」とスピーキングは本質的に違う

英語力をつけるというと、英会話学校に行くのが近道だと考える人が多いと思います。

でも、**いわゆる英会話をいくら勉強しても、実際の中身のある英語力がアップするわけではありません。**

もし英会話で英語力がつくならば、これだけ英会話学校が繁盛している日本において、これほどのＴＯＥＦＬの結果は出ないでしょう。

では、なぜ英会話が役に立たないのでしょうか。

英会話というのは、ある特定の状況を想定して、限られた単語の中で会話をスムーズに運ぶことを目的としているものです。つまり英会話で学ぶのは、決まり文句ばかりなのです。

ビジネスで外国人と顔を合わせたときに、「いい天気ですね」「ランチを食べにいきますか」といくらきれいな発音で声をかけても、どれだけの意味があるでしょうか。

それは極端にしても、ビジネス英会話で勉強するのは、「注文した製品がまだ届いていません」とか「契約書はいつ交わしましょうか」「わが社の新製品の特長は故障しにくいところにあります」といったレベル。

それは、いわゆるジェネラル会話というものです。

誰でも使える言葉ですが、誰の言葉でもありません。なぜなら、そこには自分自身の意見や考えが込められていないからです。それでは、言葉を話しているとはいいません。

もちろん、そうした会話のスキルも必要ですが、そのレベルでとどまっている限り、海外で買い物をしたり、タクシーに乗ったりすることはできても、ビジネスの相手と信頼関係を築くことはできません。

本当のスピーキングというのは、自分の意見を持ち、それを表明していくということ

とです。

そうしたコミュニケーションによって人はお互いを理解し合います。つまらないことしか言えない人は、つまらない人間だと思われ、内面の素晴らしさを表現できる人は、優れた人だと評価されます。

英会話学校では、“I think”“I feel”ではじまる文を話すことはほとんどありません。でも、それではじまる言葉を言えるのがスピーキングの実力であって、スピーキングとはその人の中身や人格を表す表現手段なのです。

同じ文化のなかで育った日本人どうしならば、気遣いや思いやりで理解することも可能でしょう。でも、外国人にはそんなことは通用しません。すべて言葉にしないと通じないのです。

たとえてみれば、スポンジケーキの上だけを食べているようなもの。いつまでたっても中身を味わうことができないのです。

英語は「ぺらぺら」話せなくていい

英語が「ぺらぺら」であるのは、すこしも偉いことではありません。

英語ができる人というと、発音がネイティブのようで、機関銃のようにぺらぺらしゃべれる人だという風潮がありますが、そうではないのです。

アメリカには、世界各国からやってきた人がいます。大学に行っても、インド人や中国人の教授も珍しくなく、みんなそれぞれのお国訛《なま》りの英語をしゃべっています。でも、その人がどういう発音をしているかなど誰も気にしていませんし、発音がネイティブと違うからといって見下すことはありません。多少、文法が間違っていても誰も問題にしません。

人間の判断の基準となっているのは、その人が何を話しているかなのです。

つまり、"how you speak"（話し方）より"what you speak"（話の中身）が大事なのです。

ところが、これまでの日本の英語教育というのは、話す内容ではなく、発音や文法ばかりを重視していました。つまり、外見ばかりをつくろって、中身をおろそかにしていたわけです。

大分前のことですが、ある記事に「日本人は、英語で専門分野についてはしゃべれるけど、自分の人生の話になると語れる人が少ない」というアメリカ人のコメントがありました。

「人生」というと難しいかもしれませんが、それは自分の生き方、考え方ということです。

二〇〇九年で引退となった野村克也監督は、著書の中で「人生」という二文字に「人として生まれる」（運命）、「人として生きる」（責任と使命）、「人を生かす」（仕事、チーム力）、「人を生む」（繁栄、育成、継続）とおっしゃっていますが、人間の魅力というのは、まさにそんな人生や哲学が語れるかどうかにかかっているのではないでしょうか。

先ごろ亡くなったジャーナリストの筑紫哲也さんが、外国の評論家や政治家に英語でインタビューしているのをテレビで見たことがあります。

いかにも日本人の英語なのですが、その内容は実に深く、中身の濃いものでした。だからこそ、対談の相手も筑紫さんを尊敬して、真摯《しんし》に答えてくれるわけです。

どんなときも、その人の中身が問われ、それが相手との信頼関係を築くことになるのです。

「上手く話す」より、「言いたいことをわかりやすく話す」

「ぺらぺら話さなくてもいい、大切なのは中身」——私がそう確信する経験がありました。

前にも書きましたが、私は二〇〇一年から二〇〇五年までＴＯＥＦＬ理事を務めていました。

理事には世界の学識者の中から十五名が選ばれるのですが、ほかの理事はといえば、英語がネイティブの人たちがほとんどで、大学の学長、教育者、科学者などといったそうそうたるメンバーばかりでした。

そのなかに、私を推薦してくれた理事がいたのですが、彼女が理事の任期を終えるとき、「こんな場所に私がいて、本当にいいのだろうか」と不安を口にした私に、彼女は、

“You have a lot of expertise. They will learn a lot from you. And you work so hard. You need to meet those crazy people.”（あなたはいろんな知識や見解、経験を持っているから、彼らがあなたから学ぶことは、たくさんあるわ。それと、あなたは働きすぎよ。彼らみたいな“crazy”な人たちとの時間も必要なのよ）

と笑って答えてくれました。

理事会は数日間にわたって、朝から晩まで食事も一緒にして行うのですが、皆、個性の強い人たちばかりで、思いつくとすぐ自分の意見を言います。

そんな中、私がようやく自分の意見をまとめて手を挙げると、こんなことを言われたのです。

「みんな、Zukie（私の愛称）の手が挙がってるよ。ぜひ、先に彼女に譲ろう」

もちろん、よくしゃべる彼らにくらべれば英語力には自信がないのですが、それで

も私は必死に意見を述べたわけです。

すると、理事会が終わったあとの食事会で、TOEFLを運営するETSの副社長の女性から、こんなことを言われました。

"Your English is simple, focused, refined and beautiful."（あなたの英語はシンプルで、要点が押さえられていて、洗練されている。そして美しい）

そして、最後に忘れられない一言。

"Just like tea ceremony!"（まるで、茶道のようだ！）

「お茶は知らないけど、たぶんあなたの英語はそういう感じじゃないかなと思った」と言うのです。この言葉を聞いて、私はびっくりしました。

私は長年、茶道を学んでいるのですが、茶道には無駄がなく、すべての所作に理由があります。そこに美しさがあるのですが、そういう日本の文化が英語につながったこと、そしてそれを理解してくれたことに感動しました。

これは、推薦してくれた理事が言った言葉の意味を実感した瞬間でした。

そしてこのときに、上手くしゃべろうとすることよりも、自分が言いたいことをシンプルにわかりやすく表現することのほうが、はるかに大事なのだと、私は再認識しました。

「すごい」「かわいい」では会話は成り立たない

「日本の大学生と話していても、深い話ができないので日本語の勉強にならないんですよね」

私にこんな不満をもらしたのは、私にフランス語を教えてくれていたフランス人留学生でした。

「日本人の学生は、何の話をしても『すげー！』で終わり。その次の展開がないんです。彼らにはクリティカル・シンキングがないの？」と私は、二〇歳の留学生に尋ねられたのです。

確かに、それではいくら日本人の学生と話しても、語彙《ごい》は増えませんし、深い会話もできません。

彼女は言葉を通して、興味ある日本の心や文化を学びたいのです。

言われてみると、若い人の多くは、口を開くと「すげー！」「かわいい！」「カッコいい！」で終わり。それはそれで本人の感情を示しているのでよいのですが、その感動の次の言葉がほしいです。

すごいと思った理由、かわいいと感じた理由を言葉にして論理的に説明する必要があります。

そうして初めて他人とコミュニケーションができるわけです。そこに、その人の知性や人柄が表れるはずです。

そして、論理的にものごとを考えて言葉にすることこそが、クリティカル・シンキングです。

つまり、**クリティカル・シンキングがなければ、他人と深くコミュニケーションすること、そして、人と本当の意味で知り合うことは難しい**と思います。

ここに、ＯＥＣＤ（経済協力開発機構）に加盟する各国の生徒を対象にした興味深い調査結果があります。国際学習到達度調査（ＰＩＳＡ）と呼ばれるもので、一五歳から一六歳の子どもを対象にして、数学、科学、読解力などの能力を比較したものです。

それによると、日本の生徒は、数学や科学の学力はそれなりに優れているのですが、読解力になるといつも下位に沈んでしまうといいます。

つまり、教えられたことを覚える能力は優れているけれども、「なぜ？」と問われると自分の頭で考えられないのです。

言い換えれば、いつも決まった状況に置かれている限りは、うまく対応できるのですが、未知の場面に遭遇すると、パニックに陥ってお手上げになってしまうのが日本人の特徴だというわけです。

要するに、クリティカル・シンキングができないのです。

残念ながら、日本人がクリティカル・シンキングが苦手だということは、そのまま認めざるをえません。

クリティカル・シンキングができないということは、与えられた情報を鵜呑みにして覚えるだけ。自我が確立していない状態と同じだと思うのです。

“What do you think?”の衝撃

かく言う私もまた、一八歳まではものを考えることなく育ってきた子でした。

そんな私を目覚めさせてくれたのが次の一言です。

“Kazuko, what do you think?”（和子、どう思う？）

私が一八歳でアメリカに留学したときの最初の授業の中で、教授が私に言った言葉です。これを聞いて、私は凍りつきました。なぜって、それまで授業中にそんなことを聞かれたことは一度もなかったからです。

時は一九六〇年代前半。日本の高度成長が始まったころでした。当時は海外渡航も自由化されておらず、アメリカはあこがれの的。そんななか、私はロータリークラブの特別留学制度のテストに合格して、ミズーリ州の大学にやってきたのです。

見るもの聞くもの、すべてが驚くことばかり。緑いっぱいの広いキャンパスに驚き、緊張感とやる気に満ちて最初の授業を迎えたのです。

教室にいたのは二〇～三〇人くらいだったでしょうか。やや興奮しながらも、日本でやっていた通りに、一生懸命、教授の話を聴いてノートをとっていたのです。

そのときです。教授がつかつかとそばに寄ってきて私に投げかけたのが、さきほどの言葉だったのです。

「どう思う？」と言われても、頭の中が真っ白になって何も答えられません。考える習慣などなかったのですから、言葉が出てこないのです。

このとき初めて、私は「あ、考えていないんだ」と知りました。

それまでの勉強というと、ただまじめに授業に出席して先生の話を聴いていればいいと思っていました。ただ、先生の言うことを吸収して暗記するという、**インプット（入力）しかやっていなかった**のです。

欧米では、インプットしたことをもとにして自分の頭で考え、意見を述べるというアウトプット（出力）の習慣が欠かせないのだと思い知った瞬間でした。

次の日から私は、いつ“What do you think?”と尋ねられても答えられるように、頭をしぼってものごとを考えるようになりました。

クラスの誰かが話しても、先生が話しても、それについて、「私はいま何を考えているのか」と自問自答するようになったのです。

そのときは、クリティカル・シンキングという言葉は知りませんでしたが、まさにそれは欧米の人たちが子どものときから体験している習慣だったのです。もちろん、それ以来、私にとっても大切な習慣になったのは言うまでもありません。

知識詰め込み型の「インプット教育」から脱け出す

日本の英語教育ではなぜ、クリティカル・シンキングができないのでしょうか。

それは、中身というより、外側の形式にとらわれているからだと思います。その根本にあるのが、インプット中心の授業です。

授業でも、ただ英文を読んで日本語に訳すだけが多く、せっかく新しい知識を手に入れても、それを活用することは、あまりありません。

インプット（文法や単語を覚える）からアウトプット（考えて表現する）へ

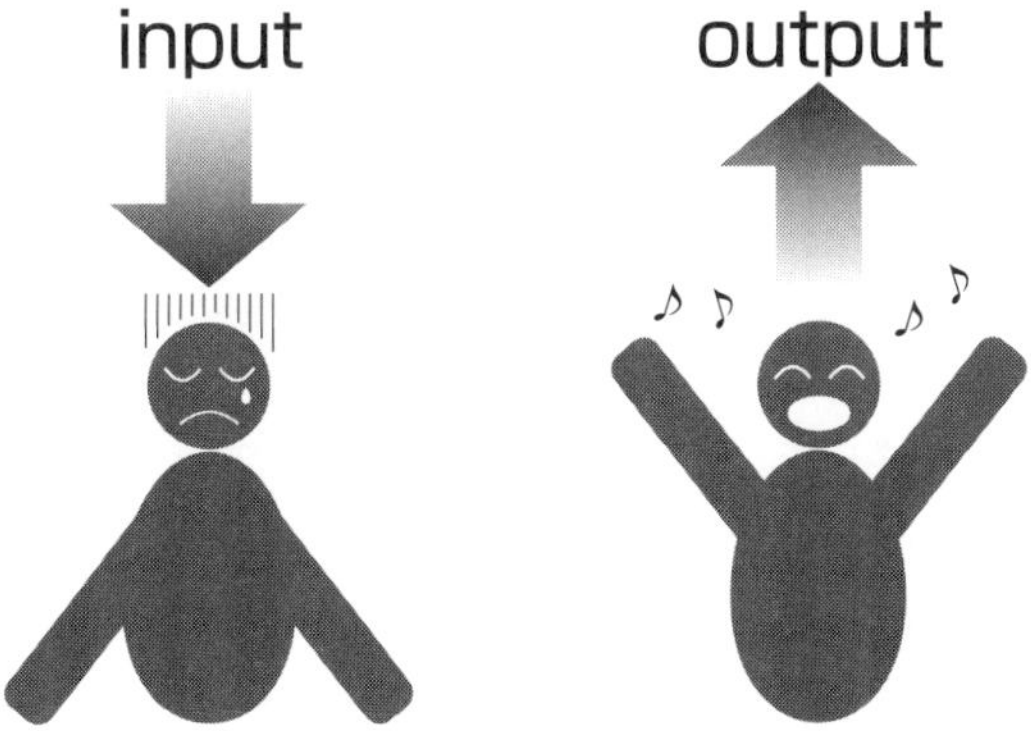

知識をため込むことに重点を置いている教育ですから、コミュニケーション能力を磨くことができないのです。

ただひたすら、英語のフレーズを増やそうとして必死になっているだけに見えます。でも、知識をため込んだままでアウトプットをしないなんて、そんなもったいないことはありません。

もちろん、知性を広げるためには、そのもとになる情報がないといけませんから、たくさんの本を読んで知識をインプットすることは欠かせません。

でも、インプットしたままで終わるなら、それ以上の向上はありません。紙に書いてあること以上は学べないのです。

では、アウトプットするとどうなるのでしょうか。

アウトプットするためには、インプットした知識を自分のなかで消化して、自分なりの言葉にしなくてはなりません。その過程で、二つの大きなメリットが生まれてきます。

一つは、**言葉にする過程で自分自身の考えが深まってくる**ことです。

言葉は論理ですから、インプットした内容を言葉に置き換えるためには、頭に入ったことを論理的に組み立てる必要があります。

すると、わかったつもりでいたことも、言葉にしていく段階で誤解や欠落があることに気づくことは珍しくありません。そこでまた、欠けていた知識を補いつつ、完全なものにしていくことができるのです。

もう一つのメリットは、これがなによりも重要なのですが、**自分の考えや意見を言葉にして他人に聞いてもらうことで、議論が生まれる**ということです。

人によって育った環境が違えば、その考え方もさまざまですから、議論を深めていくことによって、それまで思ってもみなかった意見が出てくることもあるでしょう。そうした新鮮な感覚に触れることで、自分自身の考え方が深まっていきます。

インプットしたことをアウトプットすることで、知識は何倍にも何十倍にも広がりや深みをもってくるのです。

日本の教育は、昔から「詰め込み教育」だと批判されてきました。これは、まさにインプットだけで終わってアウトプットがないことを示しています。知識を大量に詰め込むこと自体は悪くないのですが、問題はそこで終わってしまうのか、それともアウトプットまで行うかということなのです。

これまでの英語教育は、文法や単語を覚えるというインプットに重点が置かれてしまい、そこに思考や表現というアウトプットを入れる余地がありませんでした。

日本の英語教育が、実社会で役に立たないだけでなく、おもしろみも感じられないという理由はそこにあると思います。

人は誰でも、自分の意見や考えを聞いてもらいたいものです。そう考えると、インプットばかりでアウトプットのない授業に生徒が興味を持たないのも、当然のことではないでしょうか。

「しゃべれるのに、話が通じない」日本人の英語

英語が話せるのに通じない——そんな奇妙な話を聞きました。発音もきちんとしていて、文法も正しいのに、しゃべっていることが外国人に通じないというのです。

そうした体験談をしてくれたのはＮＩＣのＯＢでした。彼が、ある流通関連企業のアメリカの本社で会議に出席したときのことです。そこには有名大学の卒業生をはじめとして、英語がそこそこできる日本人が何人か仲間にいたといいます。

ただ、彼らは、英語をしゃべっているのは確かなのですが、アメリカ人がその内容を理解できなかったのです。

アメリカ人に言わせると、「彼らは何を考えているかわからない」という。つまり、英語は話せてもコミュニケーションができなかったわけです。結局、彼が間に入って、日本人の英語をアメリカ人に解《わか》る英語へ通訳するという奇妙な役割をしなくてはなり

ませんでした。

なぜこのようなことが起きてしまったのでしょうか。

それは、結論を先に言う、あるいは、自分の意見を明確に言うといったような相手の文化を理解していないために、日本的なトークをそのまま英語に直しているだけだったのでしょう。外面は英語のようなものであっても、中身はまったく別物になっていたのかもしれません。

最近では、企業でも英語でプレゼンテーションをしたり、英語で外国人の顧客に説明をするといった研修をしているところが増えているようです。

でも、そこで教えられているのは、英語の発音のしかた、プレゼンをするときの態度、間《ま》の入れ方など、表面的なことばかりのように見えます。

もちろん、そうしたことも必要なのですが、一番大事なはずの「意見を言う」ことを練習する機会がないのが気になります。

いくら格好良くプレゼンができても、中身が鍛えられていなければ、相手の心を動かすことはできません。

ビジネスでもっとも重要なのは、相手と深くコミュニケーションをして、お互いに信頼関係を築くことにあります。それは、日本人でもアメリカ人でも変わりません。

そのためには、英語の文法と構文を知っているだけでは不十分です。英語を単なる形式的な伝達手段だと思っていると、大きな失敗のもとになってしまいます。

「日本語の頭」のまま英語を話していませんか

英語で話しているのに理解されないのは、日本語の頭のままで話すことが原因です。


これまでの日本の英語教育は、英文を日本語に訳したり、英語の文法を日本語の難解な文法用語で説明することに時間のほとんどを割いてきました。

これでは、いくら英語に接していても、頭の中が日本語のままなのですから、英語のスピーキング能力が向上するわけがありません。

これは、逆を考えてみるといいかもしれません。外国人が自分たちの言語の頭のままで、日本語を話したらどうなるでしょうか。現に、アメリカ人や中国人が話す日本語にも、発音はしっかりしているのに意味が理解できないことがよくあります。

日本語には日本語特有の決まり事というものがあります。

相手によって敬語の使い方が違ってくるのは言うまでもなく、同じ相手と話すときでも、公式の場とプライベートの場では言葉の使い方が変わってきます。

それを知らない外国人は、目上の人に「あなた」と呼びかけて驚かれたり、敬語が乱れてしまっていったい誰のことを話しているのかわからなくなったりしてしまうのです。

では、日本人がよく陥りがちな英語の癖には、どういうものがあるでしょうか。

それは、よく言われることですが、イエスかノーかがはっきりしないこと、そして前置きが長いことです。外国人はシンプルにはっきりした結論を求めますから、こうした日本語を外国人に訳すときは本当に苦労します。

ところが、そういった会話でも、日本語で聞いて日本語の頭で考えていると、わかったような気になるから不思議です。その背景に日本語の発想というものがあるからなのでしょう。

もちろん、英語の発想と日本語の発想をくらべて、どちらがよくて、どちらがよくないというのではありません。それが文化というものだからです。でも、相手の言葉で話そうとする限り、その背景をきちんと知らないと通じないことは確かです。

英語を話そうとするならば、英語の頭に切り換えなくてはなりません。

日本語の頭のままで英語を話しても、それは表面的には英語に聞こえても、本当の英語ではないのです。

間違いを恐れるから、話せなくなってしまう

日本人が英語を話せない理由の一つに、間違いを恐れる気持ちがあります。

「間違えてはいけない、正確にしゃべらなくては」と思うために、なかなか積極的に話せない人も多いことでしょう。

というのも、中学生の習いたてのときから「そこは比較級ではなくて最上級で」とか「従属節の時制が間違っている」などと、細かく指摘されて育っているために、間

違えてはいけないという強迫観念が植えつけられているのだと思います。

日本の教育は一般的に減点法といわれています。間違ったらマイナスになるから、それなら黙っておいたほうがましだ、と思ってしまうわけです。

でも、しゃべらないでいれば、いつまでたっても上手になりません。アメリカに留学している中南米系の学生だって中国人の学生だって、最初から文法ができたわけではありません。最初のうちは間違いだらけですが、言いたいことがあるからどんどんとしゃべる。そして、間違えるから覚えるのです。

これまでの日本の英語教育では、間違い探しばかりが先行して、生徒を萎縮させてしまっていました。

ＮＩＣでは、学生が発言したことはまずそのまま受け止めます。自分で考えて自分で発言すれば、それがプラスになっていく加点法ですから、誰もががんばろうと思うわけです。

生徒に積極的に発言させるのは、日本の中学校や高校でも、けっして難しいことではありません。ちょっとした工夫で活発な授業にすることは可能です。

たとえば、教科書に“so that”を使った構文が出てきたとします。すると先生は、“so

that"には目的や結果を示す意味があると説明しながら例文を示し、生徒にもこれを使った文をつくってみましょうということになるでしょう。こうして文をつくらせるのは、実践的でいいことだと思います。問題はその先です。

日本の学校では指名された生徒が、教科書や先生の例文をちょっと変えて、当たり障りのない文をつくりがちです。

「のどがかわいたので、たくさん水を飲みました」

「部屋が暗いので、本が読めるように明かりをつけてください」

まさに、ジェネラル英語であって、誰の英語でもありません。でも、このような感情も生活感もこもっていない文であっても、文法的に間違いがなければ、そのまま授業は先に進んでしまうことでしょう。

でも、ここで大切なのは、文をつくるときに自分の中身をそこに込めることです。「昨日、テレビの悲しいドラマを見ていたら、友達のことを思い出し、泣けてきた」というのでもいいでしょう。身近に実際に起きたことや自分で考えたことを、「so that」を使って文章にするわけです。

そこでの**ポイントは、短い文で終わらせないこと。起承転結をつけて、三行ぐらい**

にするとおもしろい話になるはずです。

もし、あなたが学校の先生ならば、そうした授業の工夫をすればよいでしょうし、どこかで英語を習っているのだとしたら、あなたが率先してそうした文をつくって発言していけばいいのです。授業は間違いなく活性化していくでしょう。

減点法の授業というのは、決まっている答えに導くための勉強ですから、そこに行き着かなかったらマイナスをつけられる可能性が増えてしまいます。でも、それでは生徒は勉強に興味を持てませんし、英語力をつけることはできません。

正解は一つではありません。**英語のコミュニケーションスキルを磨くには、加点法で勉強しなくてはいけないのです。**

"Why"がマナーの欧米文化と、失礼になる日本文化

先日、おもしろい活動をしているNPOの代表の方にお会いする機会がありました。

私は、なぜそういう活動をしているのか興味があったので、「どうして、そういうことをはじめたのですか」と尋ねたのです。

すると、その男性はちょっと戸惑った顔をなさって、「いやあ、そんなことは、初めて聞かれました」というのです。

考えてみればそんなものなのかもしれません。私など、ちょっとでも知らないことや変わったことをしている人には、興味がドンドンわいてきて、いろいろなことを聞きたくなってしまうのですが、大半の日本人にとっては、他人のやることに深く立ち入らないという暗黙の了解があるのですね。

つい最近も、こんなことがありました。

小学生に英語を教えるプログラムを行っているのですが、そのお母さん方と食事会をしたとき、欧米と日本の文化の違いが話題となりました。そのとき、日本人は人のことをあまり聞いてはいけないと思うので、聞きたくてもせいぜい質問は二回くらいまでで終わりという話がありました。あまり立ち入らないことがマナーのようなのです。

ところが、欧米の文化はそれとは正反対です。聞くことがマナーであって、聞かないのはむしろ失礼に当たります。

というのも、**相手に質問をしないということは、その人に関心がないという意味に**受け取られてしまうからです。

ですから、欧米に行ったら質問されるのが当たり前。家族のことはもちろん、歴史、宗教、政治に至るまで、興味のあることはなんでも聞いてきます。

実際に、ＮＩＣの学生がアメリカで、「なぜ、徳川幕府は三〇〇年も長く続いたのか」と突然聞かれたといいますし、ヨーロッパに行った人は、たまたま電車で隣り合った人に、「仏教はどういう宗教なのか。神道とはどう違うのか」と尋ねられたといいます。

そんなときに、日本のことを知らなければ恥ずかしいだけです。うまく答えられなければ、「なんだ、この人は自分の国のことも知らないのか」と見下されるでしょう。逆に、英語でわかりやすく説明できれば、尊敬の目で見てくれるはずです。

それがスピーキングであり、コミュニケーション能力なのです。

ですから、いくら英語が「ぺらぺら」でも、中身がなければ意味がないということがおわかりでしょう。

世界に通用する日本人になるために

欧米では、誰でもいきなり"Why?"と質問をしてきます。

それは、古代ギリシャのソクラテスの時代から、"Why?"と問うことが真理探究のはじまりであると考えられてきたからです。

「なぜ？」と問い、言葉で論理的に説明することで真理探究を目指したのがギリシャ哲学であり、それが欧米のすべての学問の根本になっています。

そうした社会で育った人たちは、疑問に感じたことに対して、いつでも"Why?"と質問をすることが当たり前になっているわけです。

一方日本では、「大切なことは言葉では伝えられない」という思想が、私たちの間に強く染みついています。

その典型は職人さんでしょう。職人さんの世界では、言葉によって技術を伝えるのではなく、先輩から技を盗めということをよく言われます。そうした職人気質を当然のこととして受け入れ、尊重して育ってきた日本人は、他人に対して「なぜ？」とはなかなか聞けないのです。

問いかけからはじまるのが欧米の文化ならば、**日本は沈黙の文化**であり、**相手の気持ちを察する文化**といっていいかもしれません。

その違いを、これからの日本人は理解していかないといけません。日本にいれば質問されないからしゃべらないで済むかもしれませんが、外国に行けば何から何まで聞かれることを覚えておく必要があります。

他人の気持ちを察するという日本の伝統文化は、日本人としてしっかり守っていくべきでしょう。でも、一歩日本の外に出たときは、それが他国の人にも通用すると思ってはいけないのです。

「察した」ものを「言葉」にしていかなくてはなりません。そして、異なった文化背景の人たちがお互いに理解し合わなくては、何事も解決していかないのです。

欧米人をはじめとする外国人が、どんなことを考えて、どんな習慣を持っているのかということを知り、同時に日本人としての考えや習慣を発信していかないと、日本人は理解されにくく、世界から取り残されてしまいます。

残念ながら、このままではその心配も現実となってしまう恐れがあります。現在のＴＯＥＦＬの成績は、その表れ、サインといっていいかもしれません。

いまや時代は大きく変わりました。よくも悪くも、世界のスタンダードを理解しないと生きていけない時代になっているのです。

2 章

「話す力」と「考える力」が同時に身につく画期的方法

インプット（単語や文法を覚える）から
アウトプット（英語で考える・表現する）へ

相手の質問に「ワンワード・アンサー」は禁句

"Is English difficult?"（英語は難しいですか？）

英語の授業で、先生にこう聞かれたら、あなたは何と答えますか。

おそらく、"Yes." と答えて終わり。せいぜい、"Yes, it is." でおしまいという人が多いのではないでしょうか。

自分が指名されるのではないかとびくびくして、運悪く（？）当たってしまったら、なるべく早くその状態から逃げ出すために、短い答えで済まそうというわけです。

こうした、「イエス」あるいは「ノー」の一言で終わってしまう答えを、「ワンワード・アンサー」といいます。おそらく、日本の中学校や高校のほとんどでは、このワンワード・アンサーがまかり通っているのではないでしょうか。

確かに、会話の形にはなっているかもしれません。でも、本当にそれでコミュニケーションができたといえるのでしょうか。

会話が続く人と続かない人の違い

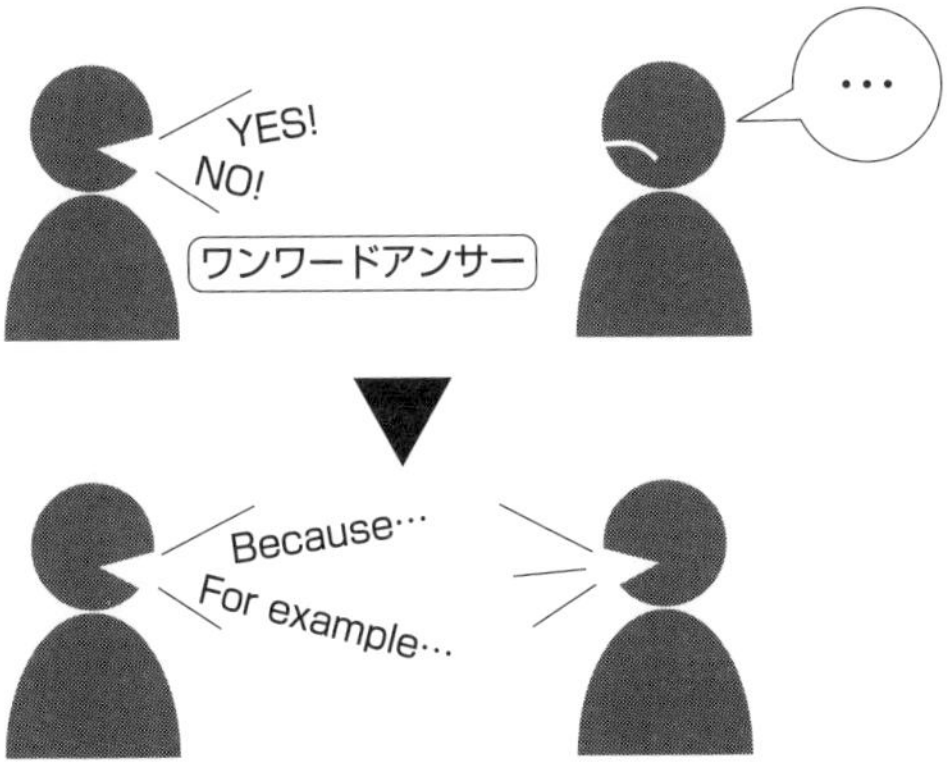

NICでは、ワンワード・アンサーで終わりにすることはありません。**相手の質問にイエスかノーで答えたならば、必ずそのあとに"Because"ではじまる文をつけ、さらに"For example"ではじまる文を付ける**ように求められます。

つまり、「英語が難しい」と答えたのなら、「なぜ難しいと思うのか」という理由とともに、「どこが難しいのか」という具体例をはっきりと挙げるようにといわれるのです。

たとえば、冒頭の質問にイエスと答えたなら、その理由として「英語の文法は日本語とまったく違うから」「英語の発音は自分にとって区別しにくいから」、そして具体例として、それぞれ「過去形と現在完了と過去完了がある」「RとLの発音の違いが聞き取りにくい」というように答えるわけです。

ワンワード・アンサーでなく、“Because”“For example”を付けて答えることは、NICに入学した直後から習慣づけられます。これは、語学を勉強するうえでの基本であるコミュニケーションを重視しているからです。

もし、外国に行ってワンワード・アンサーしかできなかったらどうなるでしょうか。

「この国は気に入りましたか」「はい」

「食事はおいしいですか」「はい」

「きのうはよく寝られましたか」「いいえ」

「日本とどちらが寒いですか」「日本です」

これではコミュニケーションになりませんし、会話によってお互いに得ることは何もありません。相手も「これはダメだ」と思って、それ以上質問してこないでしょう。

でも、「この国は気に入りましたか」と聞かれて、「はい、みなさんがとても親切なので」とか「歴史的な建造物がたくさんあるから」と答えれば、そこをきっかけにしてコミュニケーションが展開していくはずです。

こうした理由づけの習慣をつけることが、クリティカル・シンキングを身につける第一歩となるのです。

つねに"What do you think?"と考える

欧米では子どもが言葉を覚えはじめたころから、親は機会があるたびに「どう思う？」と子どもに尋ねます。幼いときからそういう訓練がされているからこそ、欧米の人たちはクリティカル・シンキングが鍛えられていくわけです。

ＮＩＣの授業でもまた、先生は"What do you think?"あるいは"Why?"とよく尋ねます。それに対して、学生は自分自身の考えを、"I think""I feel"ではじまる文にまとめて答えるのです。

入学直後はワンワード・アンサーしかできなかった学生が、数日もしないうちに雄弁に自分の考えを表現していくのですから、その変化にはいつも驚かされます。

先日も、こんなことがありました。

ＮＩＣでは、入学に先立って実施されるヘッドスタートという特別のプログラムがあります。「少しでも早く英語の勉強をはじめたい」という学生向けに二～三月に行われるコースです。

たまたま私が参観した授業では、ある詩が取り上げられていました。そのタイトルはというと、なんと“Who am I?”（私は誰？）というもの。内容も、ちょっと読んだだけでは私にもさっぱり理解ができません。

それでも、ＮＩＣの先生はそんな詩を学生にポンと渡して読ませると、“What do you think?”と平気で問いかけています。相手は、まだ高校を卒業する寸前か、卒業したばかりの学生です。

ふつうの学校だったら、指名された生徒がおずおずと立ち上がって、黙っているか、“I don't know.”と答えるのがせいぜいでしょう。ところがＮＩＣでは、先生は学生が考えやすいようアドバイスをしていきますので、通いはじめてから二週間しかたっていないのに、みな慣れた手つきで自分なりの考えを、ガチャガチャとコンピューターに向かって、書き始めるのです。そして、その後書いたものを発表し合います。

もちろん「正解」なんてありません。ある学生は作者の考えていることを推察して答えていましたし、別の学生は詩そのもののシチュエーションを想像して答えていました。自分が感じたことを書くのですから、一〇人いれば一〇人ともまったく違った答えが返ってくるわけです。

そして先生は、学生が書いた内容を順に発表させたり、三、四人ずつのグループにしてディスカッションをさせたりするわけです。私が一八歳のときにアメリカでの最初の授業で凍りついたことを考えると、この光景は本当にうらやましい限りです。

決まった答えがないというと、どうやって勉強してよいか不安になる人もいるかもしれません。でも、正解がないからこそ、みんながああだこうだと意見を言いあって、ディスカッションが白熱するのではないでしょうか。答えが決まっていたとしたら、誰かが正解をいった時点で終わりになって、それ以上の発展はありません。

そして、こうしたディスカッションをして、なによりもおもしろいのは、たくさんの人と話をすることによって、自分一人では想像もつかなかった答えが飛び出してくるということです。一種のカルチャーショックといっていいかもしれません。「そんな考え方があるのか」と知ることだけでも、ものを見る視野がぐっと広くなるのです。

私は毎学期、学生との座談会を行うのですが、参加できるのは最初に申し込んだ一〇人までなので、あっという間に埋まってしまいます。当然、お互いに知らない学生たちが集まっての座談会なのですが、自己紹介から始まって、自由にいろんなテーマを話し合います。大変おもしろいのは、それぞれの学生の興味のある分野が様々なので、どんなテーマでも議論が多方面に展開し、必ず白熱することです。私は座談会が終わった後、いつも「湯気が出る」と言っています。学生たちはみんな違う考え方、視野を持っているので、終わった後もすぐに帰らずに、そこでもまた互いに刺激しあう仲間としての意識を高めあっています。私はいつもそれぞれの持つ個性に驚き、そして、どんなことでも学び、吸収しようとする真摯な姿に感動します。

「答え」ではなく「問題解決法」を学ぶ

英語に限らず、日本の教育で育っている学生の間には、「正解さえわかればそれでいい」という風潮があるように思えます。でも、答えだけを知ることに、どれほどの価値があるのでしょうか。

「正解」といっても、それはその状況でしか通用しない正解です。場面や状況が変われば、さまざまな答えが出てくるのは当然のことです。実社会では「正解」は一つとは限らないのです。いや、正解が一つであることは珍しいといってよいでしょう。

「でも、正解を与えてくれなかったら、学校で勉強することは意味がないのでは？」

そうではありません。

欧米の教育では、"Learn how to learn" ということを大切にします。つまり「学び方を学ぶ」というわけです。学び方さえ学んでいれば、どんな国で暮らそうと、どんな学問を勉強しようと応用していくことができます。

よく「魚を与えるのではなく、魚の釣り方を教えろ」というのと同じです。魚を貰っても食べたら一日でおしまいですが、魚の釣り方を教われば一生食べていけるというわけです。

言われたことをただ鵜呑みにするのではなく、考える力と学び方を学んでいくのですから、社会に出てもステレオタイプではない問題解決の能力を身につけることができるのです。

もちろん、ＮＩＣでは文法や構文をまったく勉強しないというわけではありません。たとえば、学生が話した英語で前置詞が間違えて使われていた場合、それを指摘して直していくということはします。ただ、あくまでもリーディングやディスカッションを通じて覚えるということであって、文法の時間を独立して設けているわけではありません。

文法の間違いも、クラスのレベルや授業の展開によって、ある程度意味が通っているのであれば、あえて指摘しないでそのまま流すこともあります。

厳密に間違いを指摘したほうがいいのか、量をこなして経験を積んでいくことが大切なのか、それは先生がその場その場で優先順位をつけて判断していくわけです。

もちろん、先生にはそれだけの能力と判断力があり、優れた教育理念をもっている必要があることはいうまでもありません。

「落ちこぼれ」も「浮きこぼれ」も原因は一つ

日本の教育で問題だと思うのは、誰にとっても「正解」が同じであるという前提に立っている点です。

でも、誰にとっても正解が一つだとしたら、その「正解」にたどりつけない人は、どうなるのでしょうか。まさに、それが「**落ちこぼれ**」問題の根本にあると思います。正解にたどりついたのが「できる子」で、正解がわからないのは「できない子」というように、優劣だけで判断されてしまうために、落ちこぼれが生まれてしまうのです。

そもそも、日本のいわゆる「落ちこぼれ」を見てみると、普通より感受性の強い子たちが多いのではないでしょうか。

感受性が強いからこそ、一つの「正解」に納得できないのです。

そうして悪い方向に進んでしまうと、本当に不良になってしまいますが、そうでない子たちは、いわゆる「落ちこぼれ」になったり、逆にできるけれども学び方等に不満を感じている子は「**浮きこぼれ**」になります。日本の学校教育の枠から、はみ出してしまうのです。

ＮＩＣの受験のときによくあることなのですが、高校時代は、勉強する意味、生きる意味がわからなかったという学生がいます。

ところが、ＮＩＣに出会ってからは、「ここは私、僕のようなひとでも受け入れてもらえる、夢を持てる、輝ける」という気持ちになったと言います。そしてＮＩＣに入ることを目指すだけで、それまで休みがちだった学校にもしっかり通うようになるほど変わる学生が結構いるのです。

自分という存在を認めてくれる場所を、誰もが探しているのです。

そんな想いでＮＩＣにやって来ますので、「落ちこぼれ」も「浮きこぼれ」も関係なく一緒になって、個性をぶつけ合い、英語でディスカッションを楽しんでいます。

そうしたことが実現できるのも、根本に「インディビジュアル・アテンション」という考え方があるからです。日本語にすると、「『個』を大切にする」というような意味で、学生の個性を大切にして、目をかけるということを重視しています。

日本でも、個性を大切にした教育ということが叫ばれるようになりました。でも、何十人、何百人という学生を相手にして、先生が教えを下すような授業の形式で、どうやって個性を生かすことができるのでしょうか。これでは、先生の目が行き届くはずがありませんから、個性を大切にすることなど、ほとんど不可能に近いでしょう。

一つの「正解」に導く授業に偏り、その正解に達したかどうか、一定の基準にしたがって優劣をつけるのが日本の教育です。結局、それができない学生や生徒を「見捨てる教育」になってしまいます。

ＮＩＣのクラスの規模は、先生が一人ひとりの特長や問題点を把握できる一五〜二〇人程度の少人数に抑えられています。また、授業の内容に合わせて授業スタイルも、先生が学生の前で講義する一般的な「レクチャースタイル」、先生を含めた全員が輪になって対話をする「相互対話スタイル」、三、四人ずつ小グループをつくってやりとりする「小グループディスカッション・スタイル」の三種類を使い分けています。

なかでも授業の半分以上をディスカッションに費やしますので、相互対話スタイルと小グループディスカッション・スタイルを重視しています。とくに、小グループディスカッション・スタイルでの授業は、一人ずつプレゼンテーションを行って、それをほかの人が聞いて質疑応答をするといったふうに進められていきます。

たとえば、自分が読んだ本について、その内容や要旨をほかの人が理解できるように説明しなければなりません。それを聞いている学生は、真剣にその人に向かって、疑問に思った点や、さらに知りたいことなどを質問しながら議論を進めていくわけです。先生は、グループをあちこちまわりながら、プレゼンテーションに耳を傾けたり、アドバイスをしたりします。

こうした授業を通じて、先生はもちろん、学生同士もまた、一人ひとりがどんなことを考えて、どんなことを感じているかを知ることができます。それぞれの学生が持っているものを、周囲の人が認めることで学生は心が解放されていきます。そして、どんどん勉強が楽しくなっていくのです。これは、大学の少人数ゼミでもなかなかできていないことだと思います。

インディビジュアル・アテンションは、どんな学生にも目をかける、「**見捨てない教育**」といってもいいかもしれません。

それに加えて、先生やスタッフも、学生に対して常に気軽に声をかけています。「どう?」と一言かけてあげるだけで、学生はアテンションしてもらっている（気にかけてもらっている）と感じて、やる気が出てくるようです。

よく入学試験の面接で夢や学びたいことなどを聞くと、涙を流しながら話す学生がいます。

何か悲しいことがあったのかを尋ねると、学生は、

「いえ、今まで自分のことを話したことがなかったので。そして、聞かれたこともなかったので……」

と、言葉に詰まりながら伝えてくれます。

言ったことのない自分の本当の〝想い〟を伝えるには勇気がいり、心が震えるのは誰でも同じことです。誰でも本当は心の奥底に夢や希望を持っているのに、人は気づかないということではないでしょうか。

こうした声かけの効用は、ビジネスや社会の中でも通じる話でしょう。

いま社会で求められている人材とは、コミュニケーションのできる人といわれています。私たちも常に人に気をかけ、尋ねる、聞くという姿勢が、表現することと同様に大切なことだと思います。

インプットは内、アウトプットは外で勉強する

ＮＩＣでは、家で本を読んできたことを前提として授業をします。なぜなら、本を読むというインプットの作業は家でもできることであって、実際の授業はそのインプットを使って展開されますので、時間がとても有効に使われます。

日本の英語の授業では、授業でも本を読んで英文和訳をしています。でも、せっかく何人もの仲間が集まって意見や情報を交換するチャンスがあるというのに、目の前の本を読むことしかしないというのは、もったいないではありませんか。

本を読むのは一人でもできます。一人でできる勉強ならば、わざわざ授業料を払って時間をかけて学校に通う意味はありません。

でも、ディスカッションというアウトプットの作業は一人ではできません。それこそが、仲間が集まっている学校でやるべきことなのです。

こうしたインプットとアウトプットの使い分けが、合理的な勉強というものではな

いでしょうか。

ＮＩＣの授業では、一般的な英語研修課程のほかに、アメリカの大学の一、二年次レベルの一般教養科目をとることができます。ですから、取り上げるテーマは、文学、社会学、心理学、経済学、基礎数学などさまざま。もちろん、英語研修課程においても、あらゆるテーマが教材に組み込まれています。

高校生のときまでに触れることのなかった分野でも、仲間とディスカッションをしながら、たとえば「この作品の背後にはどのような哲学があるのか」「現代の宇宙工学はどこまで発展していくのか」といったテーマについて、深く掘り下げていくことができるというカリキュラムになっているのです。

グループワークというのは、他人と時間と知識を共有する体験です。ＮＩＣでは、そうした「シェアリング」というべき、他人とかかわっていく経験こそが、自分を高めるために不可欠であると考えています。

「学校なんか行かなくても、家で一人で勉強できる」という人もいますが、確かに、インプットだけであれば学校に行かなくてもいいかもしれません。でも、アウトプットの学びは、自分一人ではできません。ともに学ぶ仲間が必要です。

それが欧米の教育が“Sharing learning experience”（お互いにシェアしながら学んでいく）と言っている所以《ゆえん》なのです。

質より量！
多読をこなして身体で覚え込む

アウトプットは大切だと書きましたが、それにはしっかりとしたインプットがあることが前提です。インプットがないのに、アウトプットをしようとしても、それは中身のない会話になるだけです。

知性を広げるためには、まずインプットすること。すなわち情報がないといけません。

そして、なるべくたくさんの情報を手に入れるには、たくさんの本を読むことが第一です。ですから、序章でも触れたように、ＮＩＣの授業は多読を前提としているのです。

英語の本を、初級クラスでも一週間に二〇〜三〇ページ、上のクラスになると一〇〇ページほどを読むことが求められます。それだけの分量を家で読んでこないと、授業に出席しても意味がありません。

量よりも質が大切ではないかという人もいるでしょう。でも、まずは量をこなすことから慣れることが大切だと私たちは考えます。

ピアノやタイプライターでも量をこなしていくうちに、自然に体が動いていくものです。それと同様に、**語学も量をこなしていくうちに口や手が自然と動いていき、情報をかみ砕いて分析する力がつくのです。**

とはいえ、いくらＮＩＣの勉強が楽しいといっても、一週間に一〇〇ページなんて読めるものなのかと驚くかもしれません。確かに、いちいちわからない単語を調べていたら、いくら時間があっても足りないでしょう。

では、どうやっているのかというと、そこにこれまでの英語の勉強との違いがあるのです。

これまでの英語学習法の欠点は、言葉の意味を理解することばかりに気を取られていたところにあります。

一語もないがしろにすることなく、わからない単語はすべて調べるというやり方は、一見素晴らしいように見えますが、はなはだしく非効率な勉強方法です。

たとえば、シェークスピアの戯曲を読むとして、一ページ読むのに何時間もかかっていたら、いつまでたっても、その文学的な意味を理解するところまでは達しません。文章を読みこなして、文学的に鑑賞したり評論したりするには、量をこなさなければならないのです。多少わからない単語があっても、前後から意味を類推して読み進めていけばいいのです。

そのうえで、**文章全体を理解してテーマを読み取る**という、いわば「中身をすくい取る」という作業を目指していくわけです。

日本語の場合でも、明治時代に書かれた夏目漱石や森鷗外の小説を読むときは、わからない言葉が少なからず出てくるでしょう。でも、そのたびにいちいち辞書で調べることをしないで、文脈からおおよその意味をつかんで読み進めているはずです。それと同じことを、英語でもやればいいのです。

書いてある言葉の意味がわかるだけでは意味がないのです。大切なのは、そこから何を考えるかです。

読む・書く・考える力が効率よく身につく「要約力」

日本では、英語の授業といっても、そのほとんどの時間は日本語でやりとりしているのではないでしょうか。でも、せっかく英語を読んで〝英語頭〟にスイッチしかけているのに、無理やり〝日本語頭〟に戻してしまうのは、もったいないことではありませんか。

そんななか、文科省もようやく重い腰を上げ、高校では「英語の授業は英語で行うのが基本」という強化策を打ち出しました。二〇一三年度より実施に移されるようですが、実際の現場は大変のようです。すでに全国から高校の先生方が英語で英語を教えるというＮＩＣの授業を参観に来ています。

英語を上達する早道は、とにかく頭の中を英語スイッチに切り換えることです。

そのために、ＮＩＣのリーディングの授業では、読んだ本の内容を**サマライズ**（要

約）したうえで、自分自身の感想を英語でまとめるというブックレポートを課しています。

ブックレポートの量は、A4用紙に英文タイプで三、四枚ほど。それを、学生は一週間に一回ほどのペースで書くことになります。一回の量はそれほど多くありませんが、そもそも本を読むだけでも大変ですし、ほかにもライティングの授業の課題などがありますから、学生は必死です。

いちいち頭のスイッチを英語と日本語に切り換えているひまはありません。そうして徹底的に英語頭で勉強することによって、自然と体に英語が溶け込んでくるわけです。

さらに、この要約するという作業自体が、読む力と書く力を養うために役立つのです。

というのも、要約するためには、そこに何が書いてあったのか、表面的な意味を理解しただけでは不十分です。内容をしっかり理解したうえで、自分の頭の中で整理しなおさなければなりません。次に、本のテーマは何なのか、作者は何を伝えたかったのかを分析していきます。まさに、クリティカル・シンキングが必要なのです。

さらに、それを文章にするためには、自分の考えを読み取ってもらえるような文章にするための表現力も必要となります。ですから、要約することだけでも、さまざまな要素が入ってくるわけです。

読む力、整理する力、要旨を把握する力、書く力のすべてが試されるのがサマライズという作業なのです。ですから、英語力を高めるためにこれほど適切な勉強方法はありません。

日本語能力も一緒に向上する驚き

世の中には、英語の教育に力を入れるひまがあったら、もっと日本語を勉強させるべきだという意見があります。日本語さえもうまく話せないような生徒が、英語で話せるわけがないということなのでしょう。

ちょっと聞くともっともらしく聞こえますが、私はそうは考えません。むしろ、**英**

語を勉強することで、日本語の使い方が上手になる学生が多いのです。それは、私自身の体験からも、また二〇年以上にわたるＮＩＣでの教育体験からも断言することができます。

というのも、英語は日本語にくらべてシンプルであり、コミュニケーションやディスカッションに便利な言語だからです。

日本語とくらべたときの**英語の最大の特徴は、イエス、ノーがはっきりしていること**でしょう。

会話のなかでも、彼らは“I agree.”（私は賛成だ）とか“I don't like it.”（それは好きじゃない、私には興味がない）と平気で発言します。これは、日本人にはなかなか真似のできないことかもしれません。しかし、**英語というのは自分の立場や考えを明快にして、はっきりとものをいう言葉**だと思っていたほうがいいでしょう。

一方で、明快である分、自分のなかにある考えを論理的にまとめなくては、相手に意見や感情が伝わりません。ごまかしがきかないのです。

日本語で話していると、イエスなのかノーなのか明確にしないまま、いつのまにかうやむやになってしまいがちですが、英語では絶対にそうはなりません。

ですから、英語が本当に話せるようになると、自己表現が上手になっていくのがわかります。はっきり自分の意見を伝えていかないことには、英語にならないからです。

そうした英語の構成が身につくと、日本語も大きく変わってきます。それまでは、前置きが長かったり、いつまでたっても結論がわからないような日本語を話していた人が、論理的に話せるようになってきます。つまり、**英語を勉強することで、わかりやすく伝わりやすい日本語が話せるようになる**のです。

英語の学習で性格まで一変する

ＮＩＣに入学して、性格がまるで変わったという学生は少なくありません。

入学時には人の目を見ることもできず、か細い声でひと言ふた言しか話せなかった子が、一カ月もしないうちに、みんなの前でプレゼンテーションができるようになることも珍しくないのです。

一年たらずで誰もが〝ネイティブ〟のように変わるのがＮＩＣの魔法ですが、引っ込み思案だった子が積極的な性格に変わるのもまた、ＮＩＣのもう一つの〝魔法〟です。

では、なぜそのようなことが起きるのでしょうか。

口べたや対人恐怖症だという学生も、もとからしゃべりたくなかったわけではありません。ただ、自分をうまく表現する環境になかったからなのだと思います。

その理由の一つに、日本語という言語の難しさが背景にあるのではないでしょうか。日本語は英語ほどシンプルではなく、敬語のシステムも複雑です。面倒な上下関係も考えに入れて話さなくてはいけませんし、あまりに自分の意見を主張しすぎるわけにもいきません。複雑な日本文化と結びついていますから、その奥深さや謙虚さを理解していないと、日本語を上手に話すことができないのです。

失礼があってはいけないなどと考えていると、どうしても口数が少なくなってしまい、知らない人の前では積極的になれないわけです。

でも、**英語ならわずらわしい人間関係を考えることもなく、思ったことをシンプルに口にすることができます。**

英語力と一緒についてくる NIC流英語学習のメリット

また、日本の学校生活では、残念ながら人生や夢を語る機会というものがほとんどありません。「将来は宇宙飛行士になりたい」「世界平和のためになる仕事をしたい」などと学校で話そうものなら、「お前、何を言っているの？」とからかわれるのが関の山です。

ＮＩＣでは、何をどう言ってもＯＫ。先生もクラスメートも、みんなが耳を傾けてくれます。それに気づくことができれば、自信をもって話すことができるのです。

もともと話したいことは誰にもいっぱいあるでしょう。それまで無理やり抑えていたものを解放してしまえば、自分のことを平気で表現できる習慣がつくわけです。そうして、英語を話すことで、性格がみるみるうちに積極的になっていくわけです。

ある男子学生の話ですが、彼は、高校時代には親と話したことがないと言っていました。ところが、NICに入学して、授業で英語でしゃべるようになってからというもの、日常生活でも日本語でそれまでの十倍以上もしゃべるようになったと言っていました。

毎日クラスで話していると、親にも話したいことが次から次へと浮かんできて、以前は口も利かなかった父親と一緒に帰るようになったというのです。

英語を学ぶことで、しゃべることが習慣となり、それが性格を積極的にしていったいい例だと思います。

日本人なら日本語をきちんと学べというのはよくわかります。でも、英語というアプローチによって、日本語もまた活性化していくのだということを知ってほしいと思うのです。

英語を学ぶことは、単に語学の勉強をするという意味だけではありません。自分の人生を積極的に切り拓いていきたい人にとって、非常に大きなツールでもあるのです。

3 章

この思考パターンを使うだけで、英文がすらすら出てくる

自分でできるNIC流英語勉強法①

ライティング・スピーキング 編

NIC流学習法のエッセンスを大公開

やる気さえあれば、誰でも一年で〝ネイティブ〟並みの英語が使えるようになります。誰にもその潜在能力があることは、ここまでお読みになった方には理解していただけたと思います。

では、その潜在能力を引き出すにはどうしたらよいのか――もちろんNICに入学するのが理想的ですが、いつからでも、どこにいても、何歳でも、「チャレンジしたい」「変わりたい」という気持ちさえあればできるのが、本来の「学び」というものです。前述のクリティカル・シンキングをベースにした学び方の基本さえ覚えれば、誰でも今日からスタートできるのです。

そこでこの章では、NICが開発した〝奇跡〟の英語学習法のエッセンスをもとにして、家庭や会社でもできる具体的な英語学習法をご紹介しましょう。

ライティング

「英語5行日記」で論理的な英文がカンタンに書ける

文章を書くことは、クリティカル・シンキングを高めるいいトレーニングになります。

もっとも、ただ感情にまかせて書いているだけでは意味がありません。問題意識を持ったうえで、それに対する自分の意見が表明でき、その理由づけができて結論を出すという文章になっている必要があります。

そんなことをいうと、「なんか、面倒くさそうだなあ」と思われるかもしれません。

「英語5行日記」の書き方

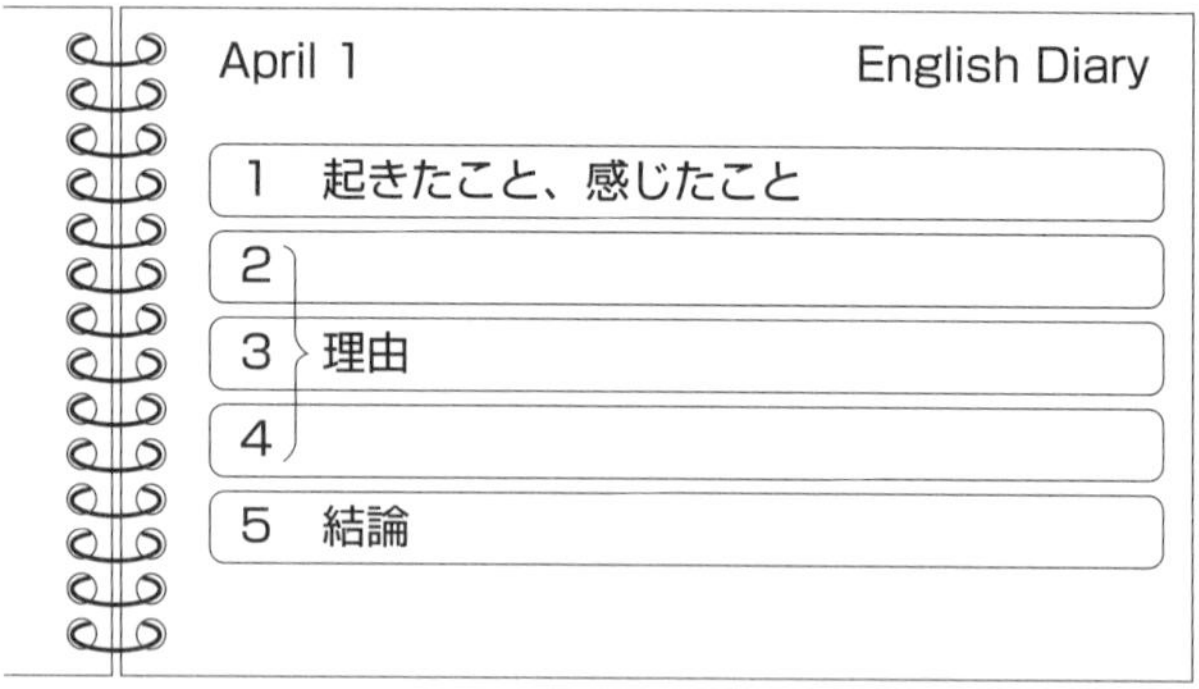

でも、心配はありません。難しいと意識することなしに、誰でも簡単にクリティカル・シンキングが鍛えられる文章の書き方があるのです。

それは「**英語5行日記**」です。

その日に起きたことや感じたことを、英文で五行にまとめた日記のことです。どんなノートを使ってもかまいません。一日にたった五行で知性が養われる日記です。

一行目にはテーマを書きます。二〜四行目には、それに対する三つの理由（リーズニング）。そして五行目には、結論である自分の考えを書きます。

これなら誰でもできるでしょう。しかも、**たったの五行で立派なクリティカル・シン**

キングになっています。

同じ感動の気持ちを表すのでも、「すげ～」「かわいい～」「カッコいい」で終わりにしないで、こうしてまとめることによって、ほかの人に感動を伝えることができますし、議論の材料にもなるわけです。

シンプルな例を一つお見せしましょう。アメリカに留学したいと思っている人ならば、こんな英語5行日記を書くことができます（数字は行、①は一行目）。

① I really want to go to America.（私はぜひアメリカに行きたい）
② Because I like to study English.（英語を勉強するのが好きだから）
③ I want to study International affairs.（国際関係について勉強したい）
④ I think that the circumstance is very interesting for me.
（アメリカでの生活環境にひかれるから）
⑤ I like to keep on dreaming.（私は夢を持ち続けたい）

どうですか。初級者レベルのものですが、これなら毎日書くことができると思います。

二〜四行目の理由づけについては、さらに突っ込んでこんな書きかたもできるでしょう。

I want to be a leader of Japan.（日本のリーダーになりたい）

I want to work for international organizations.（国際機関で働きたい）

五行目の結論についても、

I don't want to abandon it.（わたしはあきらめない）

という表現もできます。いつも結論が同じではおもしろくないので、こうした類似の表現を調べることで、表現力もついてきます。

書くことに慣れてくれば、もっと気持ちを込めることも可能です。

My parents don't want me to study abroad, but I don't want to give up!

（両親は留学に反対しているけれども、私はけっしてあきらめない！）

NICの学生は、「ジャーナル（日誌）」というスタイルで、この「英語5行日記」

を毎日書いています。

英語の勉強になるだけではなく、自らの考えを論理的にまとめる力をつけるという点で、非常に効果のある勉強法だと考えています。

毎日の感動が英語力を高める

一日の終わりなどに「英語5行日記」をつけていると、だんだんと自分が変わっていくことに気づくはずです。

というのも、「英語5行日記」を書くことが頭にあることで、「今日はどのようなことを書こうか」「日記に書くためのいいテーマはないだろうか」と考えながら行動するようになるからです。

すると、それまで見過ごしていた、ささいな事柄が目について、心が動かされるようになります。通勤通学の道ばたに咲いていた小さな花を見つけたり、電車のなかで老人に席を譲っている若者を目にしたりと、一日に何度も感動する体験が訪れるようになるでしょう。

そして、**感動することは英語力を高める**結果になります。

なぜなら、人はその感動を誰かに伝えようとして、必ず言葉や文字に表現したくなるからです。そこで、ますます「英語5行日記」が充実してくるわけです。

感動をしても、日本語で日記を書こうとすると、まとまりにくかったりするかもしれません。それが日記を三日坊主で終わらせてしまう原因になります。

でも英語ならシンプルな文章で、短く書くことができます。そのエッセンスが「英語5行日記」というわけです。

そして、周りの出来事に関心を持つことで心が豊かになり、それによって英語力や表現力がつき、さらに日々の中で感動することに敏感になってくるはずです。**心の好循環が生まれてくるのです。**

せっかくですから、もう一つ「英語5行日記」の例を出しておきましょう。

私が先日ブラッド・ピット主演の映画『ベンジャミン・バトン』を見て感動したことを「英語5行日記」にまとめてみます。主人公のベンジャミンは、逆転した人生を歩んだ人間で、年をとって生まれ、赤ちゃんになって死んでいくという設定の映画です。

① Today I watched the movie "Benjamin Button" and I was touched and cried.
（今日、映画を見に行きました。私は感動して涙が出てきました）

② Because Benjamin's life was so special. It was so interesting how he changed his life from birth to death.
（なぜなら、ベンジャミンの人生はすごく特別だったからです。生まれてから死ぬまでの生涯の変化がとても興味深かった）

③ The expression of his girlfriend was so beautiful.
（彼のガールフレンドの表現がとても美しかった）

④ In the end, I felt the very deep human love between two people.
（二人の愛が単なる男女のそれを超えて、非常に深いものであることを感じました）

⑤ I thought about my mother who is about 100 years old.

（一〇〇歳を迎えた私の母を思い起こさせました）

結論で、私自身の一〇〇歳の母の話をもってきました。年をとるごとに子どもに戻っていくというベンジャミンの姿が、まさに子どもに返っていくような母と二重写しになったからです。

「英語交換日記」のすすめ

英語で書いたものは、ほかの人に読んでもらうのが理想的です。そのためには、ぜひとも同好の友を見つけたいものです。会社内の人でもいいですし、昔の同級生でもいいですから、英語を学びたいという仲間を集めてみませんか。

それができれば、ぜひおすすめしたいのが「**英語版の交換日記**」です。

本を読んだり映画を見たり、あるいは旅行をして感じた意見を簡単にまとめて、お互いに回し読みするのです。

昔は、小学校や中学校で交換日記というものをしていましたが、その英語版というわけです。

もちろん、立派な英語でなくてかまいません。さきほどの「英語5行日記」程度のレベルで十分。そもそも、書きたくてもそれほど複雑なことは書けないでしょう。だからこそ、交換しても恥ずかしくないと思います。

今はインターネットが発達していますから、メールやメーリングリストで交換日記をしてもいいかもしれませんね。

そして、お互いに文章を読みながら、感動を共有したり修正点を指摘したりすることで、お互いの英語力を高めることができると思います。日記を交換することで、英語力にとどまらず、感動する心や表現力が生まれます。感動はものごとを考える力の源泉でもあります。

普段から考える習慣がないと、私が一八歳のときにアメリカで“What do you think?”と質問されたときに、何も答えられなかったというような事態に陥るわけです。

交換日記というのは、ほかの人が言うことに注意を払うことが前提となっています。そして、それに対して自分はどう考えるのかという理由づけをしていく過程で、クリティカル・シンキングを養う手段にもなるのです。

ストレートな自分をこう表現しよう

「英語版交換日記」では、本を読んだり映画を見たりした感想を文章に表すことが多くなると思います。

でも、英語はおろか日本語でも、感想文というのを書いた経験がないという人がほとんどでしょう。どうやって書けばいいのかわからないということで、ハウツー本を求めに書店にいく人がいるかもしれません。

でも、下手にまとまった文章にするよりも、自分をそのまま正直に表に出すことが大切です。

確かに、感想文というものを書いたことがないから、うまくない文章になってしまうかもしれません。でも、紋切り型の言葉が並んで、個性のない模範的な文章になるよりは、ずっといいと思うのです。個性がなくなると、クリティカル・シンキングが消えてしまうからです。

形式にこだわらず、自分が感じたそのままを書けばいいのです。おもしろかったら、なぜおもしろかったかを気がつくままに列挙して、興味がないのなら、なぜないのかを思いが湧きだすままに書く練習をしてください。

たとえば、日本語では興味がない場合にも、相手に失礼がないようにと、「さあ、どうなんでしょう」などと、ぼかした言い方をしますが、英語では単刀直入に「興味が持てなかった」とかはっきりとした言い方をします。

そうしたストレートな言語である英語というものを使うことで、それぞれの人がもつ独自の発想や、心の中にある本当の感情、個性というものが浮き出てくると思うのです。

スピーキング

「音読」で英語のリズム感を身につける

英語の発音をよくする近道は、なるべく声を出して英文を読むことです。

1章では、スピーキングの目的はコミュニケーションであると書きましたが、そうはいっても自信をもって英語を話すには、やはりきちんと通じるレベルの発音は身につけておきたいものです。

英文をただ黙読しているだけでは、いつまでたっても発音はよくなりません。発音を整え、英語独特のリズム感を身につけるには、音読が欠かせません。私もよく経験しますが、長い間、**声を出さないでいると、英語のリズム感がスムーズに出てこなくなってしまう**のです。

おすすめしたい練習法は、英字新聞などの記事を一パラグラフ（段落）だけでも音読することです。記事全体を音読する必要はありません。むしろ、そんなことをしてしまうと、全体を読んで理解するスピードが落ちてしまいます。

つまり、黙読はサッと大意をつかむようにする。その一方で、音読は全体の一部分だけでよいから、ゆっくりと間をとりながら、はっきりとした発音で行うというわけです。

音読にはサンプルがあれば理想的です。たとえば、スピーチ集や物語ならば、CDやDVD付きで販売されており、そのテキストも収録されています。目で文字を読み、耳でスピーチの音声を聞きながら、サンプルと同じように発音すればいいのです。

時間があれば、三回ほど読むのがいいです。だんだんと読みやすくなることを実感していけば、英語を口にすることが楽しみになってくるはずです。

また、声を出して読むことで、黙読しているときには気づかなかったニュアンスや、文章の構成の妙といったものを感じることもできます。

もちろん、最初から難しい文章にアタックするのではなく、実力に合った文章を選ぶようにしてください。

一日の終わりに、"I think""I feel"から始まる文を口に出す

スピーキング能力とは、他人とコミュニケーションできる力のことですから、独学で高めるのはなかなか難しいところです。

それでも、まったく不可能というわけではありません。私が若いころやっていた、とっておきの方法を紹介しましょう。

それは、一日の終わりに、その日あった出来事を英語で声に出してしゃべるというものです。どんな人に会って、どんなことがあったのか、楽しかったこと、感動したこと、腹が立ったことなど、なんでもかまいません。

コツは、**"I think"や"I feel"を使って自分の気持ちを言葉にすること**です。文章を

書いてそれを読むのではなく、自分の感情を思うままに表現するのが大切なのです。ほかの人に聞かれたくないということであれば、お風呂の中でしゃべるのがおすすめです。時間は五分でも一〇分間でもいいでしょう。

おもしろいことに、日本語にすると照れくさいことでも、英語ならば意外にすらすらと出てくるものです。それが習慣になると、どんな場面でも英語がスムーズに出てくるようになります。

たとえば、会社でいきなり英語を話さなくてはならない場面になったとき、いくら英語が得意な人でも最初はなかなかうまく言葉が出てこないものです。

でも、**一日一回でいいですから、自分の頭で考えたことを口に出していう習慣づけをしておけば、スッと英語が出てきます。**

頭の中だけで考えて黙って一日を振り返るのではなく、口に出すのが絶対効果的です。

また、仕事で英語を使っている人ならば、必ず「こう言っておけばよかった」「こう反論すべきだった」という反省があるでしょう。そうした「言っておけばよかった言葉」もまた、お風呂で口に出しておくことが大切です。

私は航空会社のマネージャーをしていた経験があるのですが、その会社での会議はすべて英語だったために、そうした悔しい思いはずいぶん経験したものです。

あのときは、ああ言えばよかったと思ったときは、いつも一人で言いたかったことをよくしゃべっていました。

それは、次に同じ状況が訪れたときに備えて、きちんと口に出して言えるようにするためのイメージトレーニングになりました。そうした経験はずいぶん役に立ったと思っています。

必ず、同じような状況はやってきます。その日のために、自分の考えを自分で話すというくせをつけておいてください。

クリティカル・シンキングを鍛える「3つの理由」

欧米人が、何かにつけて"Why?"と尋ねることはすでに説明した通りです。

3 reasonsを持つと、相手を説得しやすい

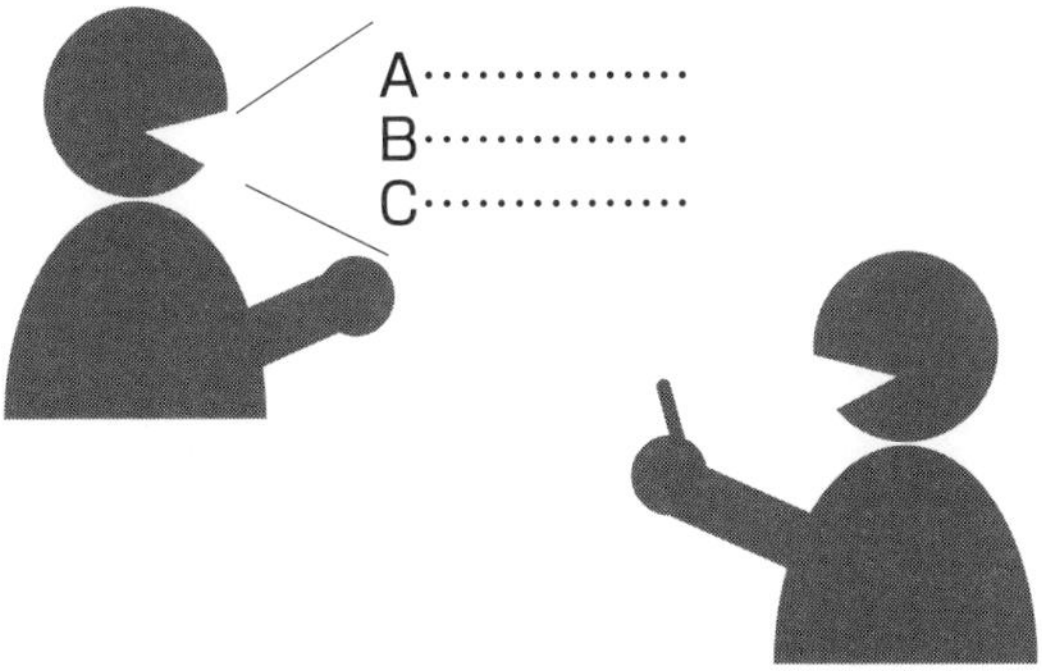

そうした人たちとつきあう際に、すぐにその場で答えが出てくるように習慣づけることです。いつ聞かれてもいいように、つねに自問自答することを習慣化しておくことが良いと思います。

現在、欧米人と仕事上のつきあいのある人はもちろん、そうでない人にとっても、これはクリティカル・シンキングのいい訓練になります。

テーマはなんでもかまいません。「現在の仕事を選んだ理由は?」「英語の勉強をはじめた理由は?」「今日のディナーの店を決めた理由は?」といった日常生活の各場面で出会うことでいいのです。

そして、それぞれのテーマに対して、つ

ねに**三つの理由**を考えてください。

たとえば、今日のデートの場所を決めた理由については、「二人の仕事場のどちらからも近いから」「値段がリーズナブルだから」「以前行ったときに、サービスがよかったから」というように、誰でも納得できる理由を三つ考えるのです。

理由を三つ考えたら口に出して言うこと。口に出して英語がスムーズに出る練習をしておくことによって、突然質問されても堂々と答えることができるのです。

欧米人はよくこんな言い方をします。

"I have three reasons why I agree / I think."

（私がそう思う／そう同意する理由は三つあります）

このように、彼らは理由（リーズニング）をいつも三つくらいは持っているのです。

つまり、**三枚のカードをもって相手を説得にかかり、一枚目でうまくいかない場合には二枚目のカードを使い、それでもダメなら三枚目のカードを切るといったふうにして、自分の意見を主張するわけです。**

これに対抗するためには、私たちもカードを三枚以上持たないといけません。ビジネスに応用するならば、五つくらいの理由を手元に用意しておきたいもの。こうしたトレーニングを普段からやっておくと**英語力のみならず、ビジネスにおける交渉力も確実に伸びます。**

4章

リーディングを鍛えると、英語は聞き取れる

自分でできるNIC流英語勉強法②

リーディング・リスニング 編

リーディング

英語が「聞き取れない」のは、リーディングが原因だった

ＮＩＣの授業でリーディングを重要視しているということは、ここまで繰り返し書いてきた通りです。これは家庭や会社で勉強するときにも当てはまります。

使える英語を身につけるには、まず語彙を増やすことが何よりも大切です。いわゆる英会話を学ぶよりも、たくさんの文章を読むことのほうが、単語力や理解力をつける基礎になるからです。

リーディングというインプットによって土台がしっかりとできれば、ニュースや映

画を観ているときに、知っている単語や決まり文句が自然と耳に入ってくるようになります。

よく、英語をシャワーのように浴びたら、ある日突然聞こえるようになるといいますが、それにはこうした土台が必要です。インプットされた知識が何もなければ、いくら英語を聞いたところで、右の耳から左の耳に抜けるだけで、頭には何も残らないのです。

また、**インプットをしっかりとしておけば、今度は英語を話すというアウトプットにも利用できます。**いろいろな文を頭の引き出しにしまっておいて、その場その場に適した文を取り出して話せばいいからです。

毎日読む「量（ページ数）」ではなく「時間（分）」を決める

では、リーディングの教材として、どんな本を選べばよいのでしょうか。

ポイントは四つあります。

一つは、**自分が興味をもてる内容であること**。

好きでもない分野の本を無理やり読んでも絶対に続きません。興味があるのなら、科学、スポーツ、心理学、サスペンスなど何でもかまいません。ペーパーバックはもちろん、趣味の雑誌や旅行書でもいいでしょう。洋書売り場に行けば、ファッション、ガーデニング、乗り物など、ありとあらゆる分野の雑誌が並んでいますから、できれば実際に手にとって読みやすそうなものを選んでください。

近くに洋書売り場がなければ、大きな町に出かけたついでに本を何冊か買ってくればいいと思います。また、インターネットを利用すれば、どこに住んでいても簡単に入手することができます。

二つ目のポイントは、**自分の英語能力から少し上くらいのレベルを選ぶ**ことです。

あまりやさしすぎても勉強になりませんし、かといって難しすぎるのも嫌になってしまう恐れがあります。「わからない単語が多いけれど、たぶんこういうことをいっているんだろう」と見当のつくくらいがいいでしょう。

三つ目は、**わからない単語があっても、そこにとらわれずに読みつづけること**。

わからない単語にぶつかったとき、いちいち辞書を引いていたのでは読むスピードも遅くなりますし、辞書を引いている間に文章の大意を見失ってしまうからです。

コツとしては、区切りの部分まで読み通してから、**文脈で単語の意味を推察すること**です。そうすることで、その単語の意味も頭に入りやすくなります。

また、せっかく買ったのだからといって、無理をして全部読もうとする必要はありません。そうなるとプレッシャーに感じてつまらなくなってしまいます。読みたい部分を拾い読みするだけでいいのです。

そして四つ目は、**毎日時間を決めて読む**ことです。

一冊を二日で読もう、あるいは三時間で読もうなどと決めるとプレッシャーになってしまいます。**読む量を決めるのではなく、「今日は三〇分読むことにしよう」というように時間を設定する**ほうが気楽に続けられます。

その結果、一〇ページしか進まなかったとしてもいいのです。毎日、三〇分ずつ読むということを続けていけば、必ずスピードは上がっていきます。

要は、英文を読む習慣をつけることが大切なのです。

英字新聞を読む前に、日本の新聞を読む

リーディングの教材として、もちろん英字新聞もおすすめです。とはいえ、いきなり本格的な英字紙を毎日読むのは難しいので、日本人向けの週刊英字新聞にするとよいでしょう。日本の新聞各社から発行されています。

それでも、慣れないうちはわからない単語だらけかもしれません。そこで、「やっぱり英語を読むのは自分の力では無理なのか」とがっかりしてしまっては逆効果。ここでは、そんなことにならない方法を紹介しましょう。

それは、**日本語の新聞を先に読んでおく**ということです。そうして、世の中で何が起きているのかを頭に入れてから英字新聞を読むのです。

そうすれば、英語だけの記事を見ても、だいたいの筋書きがわかります。

「ああ、この記事はきのう読んだあの事件について書かれているんだな。とすると、この単語は初めて見たけれども、たぶんこういう意味だろう」

こう見当がつくわけです。

新聞の場合は、本や雑誌を読むとき以上に、わからない単語をいちいち調べる必要はありません。

そもそも、日本の新聞を読むときも、私たちは経済用語や専門用語をすべて完璧に理解しているわけではないのですが、サッと読んだだけで全体像が頭に入ってくるでしょう。それと同じことです。

週刊の新聞ならば、七日間かけて少しずつ読んでいけばいいので気が楽です。一日に記事を一つずつ読むことにするのもいいかもしれません。たとえば、自分に興味のありそうな話題を見つけて、「今日はこの記事を読む」と決めたら、一時間かかってもいいから、とにかく読みこなしてみるわけです。

そういうやり方をしているうちに、一つの記事を読むのに一時間かかっていたものが、三〇分になり、やがては一〇分で軽く読めるようになります。それが習慣というものなのです。

「3回読み」で自分のモノにする

「新聞記事を読んでみたけれど、あまりにもわからない単語が多くて全体像がつかめなかった」

そういうときに試していただきたいのは、「**3回読み**」の方法です。新聞記事のような短めの文章ならば、繰り返して三回読むことで、ストーリーや要旨が頭にしっかりと入ってきます。

一回目は、サッと記事を読んでみて、わからない単語をチェックしてください。そのうえで、「**これは読解のうえでポイントになりそうだ**」**と思える単語を五割ほど選んで**辞書を引いて意味を調べましょう。

最初のうちはどの単語がポイントになるのか、見当がつかないでしょうから、漠然と五割ほどを選ぶという気持ちでいいのです。

二回目に読んでみると、単語の意味がわかってきたので、文章の内容がかなり把握できるはずです。前回チェックしなかった単語のうち、いくつかは文脈で見当がついてくると思います。

それでもやはりわからない単語をまたチェックして、またその半分くらいを辞書で引いてみてください。

三回目は、もうほぼ意味がわかってきたことでしょう。そうしたら、その記事を**声に出して読んでください**。すると不思議なことに、単語や文章の意味がだんだんと体にしみこんでくるような感覚がして、読むのが楽しくなってくるはずです。

長い本を読むときにこんなことをしていては非効率ですが、新聞や雑誌の記事で「これは徹底的に読み込みたい」という文章があったら、ぜひ試してみてください。

私は数年前からピアノを習っていますが、一曲を長い間、練習しています。そうすると不思議なのですが、同じ曲から毎回違うことを学んでいます。最初は指の使い方、次にリズム、次に速度、そして全体の感情などといった感じです。そんなふうに文章でも、一つの文を何回もこなすと、きっと目新しいことに出会っていくと思います。

全てのやり方は、つながっているのです。これも、いわゆる“Learn how to learn”学び方を体得するというやり方です。

「使える単語帳」と「使えない単語帳」の違い

知らない単語を見つけたら、辞書で調べて単語帳に書き込む。そうした地道な勉強は、やはり欠かせません。

ただ、そこで大切なのは、**使える単語帳がつくれるかどうか**という点です。いくらがんばって単語帳をつけても、それが使えないものだったら、意味がありません。

使えない単語帳というのは、こういうものです。

「book―本」「clear―澄んだ」「put―置く」

中学生や高校生時代に、そんな単語帳や単語カードをつくっていた人も多かったでしょう。これでは、英語力は向上しません。

なぜなら、日本語と英語の単語は一対一の対応をしているわけではないからです。bookを本と覚えるのはまだしも、putの意味を「置く」としか覚えないようでは、実際には使えません。

文脈によって、「乗せる」「くっつける」「持っていく」「記入する」といった日本語に相当する意味になりますし、前置詞がついてput offなら「脱ぐ、取り去る」、put up withなら「我慢する」という意味になります。

clearにしても、形容詞、名詞、動詞があり、形容詞に限っても「澄んだ」だけでなく、「明るい」「くっきりとした」など、さまざまな日本語に訳すことができます。

では、そうした意味をすべて列挙すればよいかといえば、それもまた意味がありません。そんなに訳語ばかりを覚えても実際には使い分けができないからです。

では、どうすればよいかといえば、その単語を含む文を、まるごと単語帳に書き込むのです。すると、単語がどのように使われているかが一目瞭然なので、間違った単語の使い方をしないようになります。もちろん、そこで日本語の訳語を書けばいいのですし、初級のうちは文全体を訳して書いてもかまいません。

そうすることによって、**その単語がどういう意味を指し示しているのか、感覚で理解できるようになります。**

日本語を介して覚えるのではなく、英語のまま実感として覚えていくことができるのです。

単語帳自体は、昔ながらの単語帳でもいいですし、一般的なノートを流用してもいいでしょう。自分で使いやすいものであれば何でもかまいません。

英単語はたたき込むより、「すきま時間」に見る

自作の単語帳とは別に、市販の単語帳という便利なものがあります。「必須単語２０００」とか「重要英単語帳」などというタイトルで売られている本のことですが、ぜひともこれも活用してほしいと思います。

買ったら、つねにかばんに入れて持ち歩き、**すき間の時間を使って覚える**のです。

たとえば、食事の前、電車に乗っているとき、人との待ち合わせしているときなど、私たちの生活には意外に多くのすき間時間があります。そんな時間にボーッとしているだけではもったいないので、五分でも一〇分でもかまいませんから、単語帳をサッと開くわけです。

単語は「すきま時間」に見るだけでいい

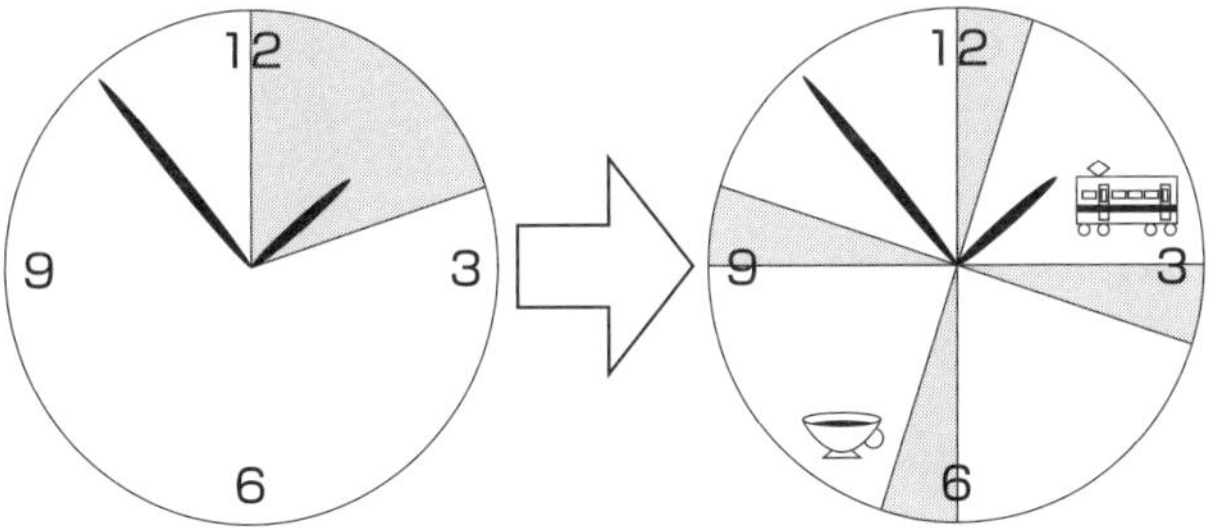

あくまでも、すき間時間を利用する勉強ですから、**「さあ、がんばって覚えるぞ」と意気込む必要はありません。**書いてあることを淡々と読んでいくくらいの気持ちでいたほうがいいでしょう。

もちろん、単語は一度ではなかなか覚えられません。そこで、こまめに単語帳を開くことで、何度も何度もリピートして頭に刻み込んでいくわけです。

単語帳は、例文がしっかりついているものを選んでください。さきほどもふれましたが、文を読むことでその単語がどのような使われ方をするのかが理解できるからです。

たいていの場合、単語ごとにチェック欄

がついているので、覚えた単語にチェックマークをつけるといいですし、「今日はこの三〇個を読もう！」という目印を毎朝つけるのでもいいでしょう。

一日三〇個ずつリピートしていけば、二〇〇〇語の単語帳ならば、二カ月とちょっとで終わり。そうしたら、また初めからもう一度読んでいきましょう。

それを繰り返すことで、「この単語は別のところにも出てきたぞ」「この前読んだ本で見かけた単語だ」と思い当たる体験が徐々に増えてきて、単語は確実に自分のものになっていきます。

忘れてならないのは、単語帳を読むのが、あくまでもすき間時間の活用法であるということです。家にいて、三〇分や一時間といったまとまった時間があるときは、それに見合ったリーディングやリスニングなどの本格的な勉強をすべきです。

家でしかできない勉強は家でやる、外でもできる勉強は外でやる。

逆になってしまうのは、もったいない時間の使い方です。こうした時間の管理もまた、大事な勉強の要素なのです。

これは私の娘から学んだ方法です。

私の娘、香里《かおり》（一八歳で亡くなりましたが）は出かけるときはいつも、単語帳を持ち歩いていました。私と仲間たちと一緒にレストランにいたときも、私たちが夢中で話している間はひとりでその単語帳を黙って読んでいました。でも、ところどころで話に入り込んできては突然、自分の意見を言ったりするのですが、言い終わるとまた単語帳に戻って読んでいました。

どんなときも人の邪魔にならず、しかも空いている時間を有効に使うやり方だと思います。

そして、ある程度、基礎的な力がついてきたら、辞書も見直しましょう。英和辞典ではなく、英英辞典を使うことをおすすめします。

英英辞典というのは、いわば英語圏の国語辞典で、一つの単語の意味を二語以上の別の言い回しで説明しています。「こんな表現もあったんだ」「こう言えるんだ」ということを知れば、理解力や表現力が格段に深まっていくはずです。

リスニング

好きな英語の歌を徹底的にまねる

英語に限らず、発音が上手にできるようになると語学の勉強は楽しくなってきます。それに、いくらアメリカでは外国語なまりの英語を気にしないといっても、意味が通じないほどのレベルでは困ってしまいます。それでは、いくら伝えたいことがらを持っていてもコミュニケーションができません。

そう考えると、英会話学校に通うことも、ネイティブの発音にふれるという点でメリットがあるのかもしれません。とはいえ、発音のためだけに高い授業料を払うのはもったいないというもの。直接ネイティブの英語を聞かなくても、発音を上手にする勉強法はあります。

私が英語の勉強をしたのは今から何十年も前のことですが、私の住んでいた地域ではネイティブの英語にふれる機会はありませんでした。でも、一八歳で留学してきちんと通じるくらいの発音はできたのです。

では、どうやって身につけたのかというと、ラジオやレコードから流れてくる英語の歌を繰り返し聞いて、その真似をしていたのです。

当時の日本は、エルビス・プレスリーやニール・セダカらの歌が大流行していましたから、英語の歌を聞く機会はいくらでもありました。

また、アメリカで流行した歌を日本人歌手が英語のままでカバーしたものも役に立ちました。この人の英語はうまいなと感じたら、その人はどういう工夫をしているのかを想像して、同じような発音ができるように口の形や力の入れ方を試行錯誤して、徹底的に真似たわけです。

今の時代だったら、いくらでも英語の曲を聞くことができます。好きな曲を音楽プレイヤーに録音して、電車に乗っているときに聞くのがいいでしょう。リズムやメロディがついていますから、英語の歌詞をそれほど苦労なくスッと覚えることができるはずです。

映画はまず、丸ごと完璧に聞こうとしないこと

日常会話のリスニングならば、映画を見るのがいい方法です。映画ならば、実際にアメリカ人やイギリス人がどういう場面でどういう英語で話しているのか、標準的なスピードや語彙を知ることができるからです。

ＤＶＤならば、聞き取れなかった部分を繰り返し再生できるので便利。レンタルＤＶＤでは、日本語字幕なしの英語版が見られることを確認して借りてください。

もっとも、英語版でそのままわかればいいのですが、簡単にはいかないでしょう。

そこで、次の方法をご紹介します。

それは、英語字幕入りのものを見るという方法です。すると、視覚と聴覚の両方で

納得できるので、理解が早くなります。耳から入ってくる言葉だけではわからなくても、目で英単語のつづりを確認することで、「あ、いまの発音はこういっていたんだ」とわかるわけです。

これを繰り返していけば、英語の発音の特徴や癖を身につけることができるので、グッと英語力はアップするはずです。

もし、時間の余裕があって二回見られるのならば、最初は字幕なしで見て、二回目は英語字幕つきで見るのがいいでしょう。一回目でストーリーをおおざっぱに把握して、二回目で細部を確認するわけです。

映画によってはスラング（俗語）が多いものや、なまりのあるものもありますが、あまりそのあたりを気にする必要はありません。スラングはスラングだなという感じで聞き流していけばいいのです。

どうしても英語字幕を見てもわからないということならば、日本語の字幕でもいいです。その場合でも、最初から日本語字幕を見るのではなく、字幕なしの映画を見てから、二回目に日本語字幕つきにしてください。

そして、映画で英語を聞き取るときのポイントは、全部を完璧に聞こうなどとは思わないことです。七割聞き取れれば十分にＯＫという軽い気分で見ることが大切。さもないと、嫌になって途中で投げ出してしまいます。

ＤＶＤではなくて、映画館に見に行くことのメリットもあります。それは、映画館のお土産売り場で売られている映画のスクリプト（台本）。映画で印象に残ったせりふがあったら、家に帰ってスクリプトを見ながら、文ごと覚えてしまいましょう。

映画を見ていれば、どういう状況でその文が使われたのかがわかってきます。これほど実用的な文はないと思います。実生活でも確実に使える一文になるはずです。

最高の教材は、「良いニュース番組」より「楽しいドラマ」

映画だけでなく、英語が副音声で入っているテレビ番組を録画して見るのもいいです。ただ、字幕が入らないのがほとんどなので、映画ほど使いやすくないかもしれません。

よく、CNNやBBCのようなニュースで英語を覚えるのがいいといわれています。そのために、衛星放送用のチューナーとアンテナを買ったり、ケーブルテレビを契約している人もいるようです。

ただ、初級者の方にとって、**ニュースの英語は早口で、しかも語彙がかなり難しい**ときがあると思います。ほとんど聞き取れなくて、自信喪失して英語の勉強自体が嫌になってしまう恐れもあります。

それでも、どうしてもニュースを聞いて勉強したいというならば、新聞の場合と同じく、あらかじめ日本語のテレビや新聞で国際ニュースを仕入れておいてから、CNNなりBBCなりを見るのがいいと思います。

ニュースよりも、私がおすすめしたいのはテレビドラマです。ラブストーリーでもサスペンスでもいいですから、自分の好きなジャンルのドラマのシリーズを録画して見るのが、楽しみながら英語力をつける近道です。

ニュースにくらべて、ストーリーがはっきりしていますから、どんな状況にあるのかが一目でわかります。ですから、そこで話されているせりふも、いくつかの単語がわかれば、ある程度の見当がつくはずです。

まず英語音声で聞いてみて、どうしてもわからなかったら日本語音声でもう一度聞いてみてもいいでしょう。

並行してリーディングの勉強を続けていけば、だんだんと聞き取れる単語や文も増えてくるはずです。

すると、まるでちんぷんかんぷんだったのが、突然、ファッと聞き取れるようになる日がやってきます。

そのときの快感といえば、それまでの苦労がいっぺんに吹き飛んで余りあるものです。ぜひ、その快感が味わえるよう、リーディングとリスニングの勉強を続けてください。

大統領のスピーチを聞いて、キーワードを抜き出す練習をする

アメリカには、リスニングやスピーキングの格好の教材があります。

それは、**大統領のスピーチ**です。

歴代の大統領のスピーチを聞くとわかりますが、非常に平易な言葉を使って、ゆっくりと間をとりながら話しています。

大統領のような立場にある人は、どんな階層や年代の人にも、そして英語を母語としていない移民にも理解できるように、わかりやすく語らなくてはいけないからです。

ネイティブの英語はスピードが速くてわかりにくいというのは大きな誤解だとわかります。その様子を見ていると、いわゆるぺらぺらでスピーディに話すよりも、濃い中身をわかりやすく伝えることがどれだけ重要であるかがわかるでしょう。

逆にいえば、リスニングの勉強としては、そうしたわかりやすいスピーチを教材にするのがいいということです。

その点、二〇〇九年に大統領に就任したオバマ氏は、非常に明確でわかりやすいスピーチをしています。日本でもオバマ大統領のスピーチが書籍やＤＶＤとして販売されていますので、参考にするといいと思います。私も実際にオバマ大統領訪日の際、目前でスピーチを聞く機会がありましたが、非常に明快なものでした。

そして、繰り返しになりますが、スピーチを聞くときもまた、一語一句聞きもらすまいとするのではなく、大意を理解しようとすることが大切です。

できれば、**聞きながらポイントとなるキーワードやキーフレーズを書き留める**ようにするとよいです。これは、大学で授業中にノートをとる能力につながります。ノートに記されたことをもとにして、授業が頭の中で再現できるようになれば完璧です。

Magical English Learning

5 章

ホンモノの英語力で
自分の世界が変わる！

英語を学ぶことを通じて、
人生に「セレンディピティ《〈予期せぬ良い出来事〉》」を起こす

何もやらないうちに、あきらめていませんか

「自分は頭が悪いから語学なんてダメ」「もう年だから勉強しても身につかない」

よくそんな声を耳にします。

でも、けっしてそんなことはありません。ＮＩＣには入学当初にｂｅ動詞すらおぼつかなったのに、アメリカ留学後にはネイティブにまじって素晴らしい成績をとったという学生や、六〇歳でＮＩＣに入学して、苦労の末に修了し、現在はアメリカの東洋医学の先生になろうとしている人もいることはすでに書きました。

本気になってやろうと思えば、なんでもできるのです。

何もやろうとしないのに、「夢は叶わない」と決めつけてはいませんか。

私たち一人ひとりに、その可能性があるのに、最初からそれを放棄している人、あるいは気がつかない人が多いのは残念なことです。

前述の村上教授によれば、「感動するといった心の動き、そして一歩踏み出すとい

う行動」が遺伝子をスイッチオンする大きなきっかけになるとのこと。たとえば、これまでと違った環境に身をおくこと、意識や生活を根本から変えることによって、いくらでも夢を叶えることは可能なのです。けっして、あきらめてはいけません。

二〇〇九年の衆議院選挙では日本でも政権交代が実現しましたが、そのときに初当選した一人にＮＩＣ二期生の女性がいました。

入学当初の英語の成績はけっしてよいとはいえず、六つあるクラスのうちの一番下からはじめたほどです。でも、とても頑張り屋さんで、カリフォルニア州立大学サクラメント校の経済学部に入学することができました。

感心したのは、大学卒業後の就職活動です。それは、どうしても就職したかったアメリカの会社に対して、来る日も来る日も手紙を書いて送るというものでした。しまいには相手も根負けしたのか、「ぜひ来てください」ということになりました。

彼女のこんな言葉が忘れられません。

「みんな、途中で勝手にあきらめるんです。だから、最後まで我慢してあきらめなければ、絶対に夢は叶います」

その後、彼女は政治の世界に進み、東京の区会議員を経て国会議員となったのです。

今のレベルで自分の人生を決めてはいけません。それは、年齢も関係ありません。今できていないから、自分はできないのではないかと、現在の自分を基準にして自分の未来を決めてしまうと、せっかく自分が持っている、そしてまだ眠っている多大なる能力を発揮するチャンスをみすみす失ってしまうことになるのです。

〝魔法〟がかかる人はどこが違うのか

夢を実現するには、「夢を叶えよう！」という強い気持ちが必要です。

ところが、世の中を見ていると、そうした強い気持ちを持つことなく、自分から何も行動しようとしないで、「自分には何もいいことがない」「運が悪い」と言う人をよく見かけます。

でも、ただ待っているだけでは、何も変わりません。人まかせで「棚からぼたもち」を期待していては夢は叶うことはないのです。

ＮＩＣに入学した学生はみな、英語ができる・できないに関わらず、自分のなかに強い気持ち、想いを持っています。いい意味でのハングリーさといえばいいかもしれません。

引っ込み思案な子も、不登校だった子も、実は「夢を叶える」という強い想いを胸に秘めて入学してきます。だからこそ、ＮＩＣに入ったとたんに、開花していなかった能力が爆発して、一年のうちにネイティブと同等の英語力を身につけることができるのです。

ＮＩＣの英語教育は、奇跡の教育、〝魔法〟とまで呼ばれています。でも、〝魔法〟にかかるためには、その人の意思が必要です。自分から〝魔法〟にかかろうという気持ちがなければ、〝魔法〟にはかかれないのです。

二二期生のＹさんは、まさに自分の意思で〝魔法〟にかかろうとしてやってきた人でした。

彼女は、類を見ないほど引っ込み思案の女の子で、相手の目を見ることもできませんでしたし、面接でこちらがいろいろと質問しても、あまり答えることができず、とても消極的でした。

無料の体験授業にも参加してもらったのですが、先生が“What's your name?”と聞いても、名前を答えるどころか顔を上げることもできません。百戦錬磨のＮＩＣの先生でさえ驚くほどでした。

試験の成績はかなり良かったのですが、これでは入学させてもうまくやっていけないだろうなというのが私の印象でした。

私たちは、学生に海外に留学できる実力をつけてもらうことを前提としているわけですから、それができないとなると、私たちの責任にもなるわけです。まともに会話もできないようでは、対人関係もうまく築けるかどうか心配ですし、ディスカッションやプレゼンテーションもできないでしょう。

ところが、入試に付き添ったお母さんから興味深い話を聞くことができました。高校卒業直前まで、Ｙさんは進路について口にすることもなく、何をしたいのかお母さんにもわからない状態だったのですが、ある日突然、ＮＩＣのパンフレットを持ち出してきて、「どうしても、ここに行きたい！」と言ったのだそうです。

聞くと、二、三年前からＮＩＣに関心を持ち、パンフレットをベッドの下にずっと隠し持っていたのだそうです。

私は、その話を聞いて、本人にそれだけの意欲と覚悟があるということがわかりました。結局、入学前のヘッドスタートプログラムに参加してもらって、その様子を見て入学してもらうかどうかを最終決定することになりました。するとと驚いたことに、そのプログラムの二週間で、彼女はがらりと変わってしまったのです。

蚊の鳴くような声でしか話せなかった子が、しっかりと人の目を見て話すようになり、ディスカッションもできるようになったのです。そして無事に入学後、みるみるうちに英語能力も向上して、一学期には四段階で三・五という素晴らしい成績をとったのです。

また、オーストラリアのシドニー大学に留学したMさんは、かねてからの念願だった獣医学部に入ることができました。実は彼女もNIC入学当初、日本語もほとんど話せないシャイな学生でした。

留学後、本人にNICを選んだ理由を尋ねたところ、「変わりたかったんです」と答えてくれましたが、これがまさに〝魔法〟にかかる力なのでしょう。

本人の強い意思があったからこそ、〝魔法〟にかかることができたのです。

偶然を装った必然の出会い

出会いはすべて偶然のように見えます。でも、そうではありません。

Yさんや Mさんが NICと出会ったのも、けっして偶然ではありません。彼女たちがそれを求めて、強い気持ちで行動したからこそ、出会うべくして出会ったのです。

ただ、待っているだけでは何も変わらないのです。学生たちは、NICとの出会いをよく〝直感〟したと言います。そして、その〝一歩〟を踏み出したから彼らの人生が変わったのです。

それは、私自身にも思い当たることが数多くあります。今の仕事を進めてきたなかでも、私たちをサポートしてくれる素晴らしい人たちに出会うことができましたが、それは、「夢を叶えたい」「なんとかしたい」という強い気持ちを常に持ち続けてきたからだと思っています。

ＮＩＣが現在のような形になった陰には、さまざまな人との偶然を装ったような必然の出会いのエピソードが多々ありますが、なかでもＮＩＣ創立のきっかけをつくってくれたニール・ファーガソン氏との出会いは、運命的なものがありました。

話は、一九八三年にさかのぼります。私はアメリカ西部、カリフォルニア州の東隣にあるネバダ州のエルコという小さな町で、日本全国から参加した中・高校生のサマーキャンプを開催しました。

地元の短期大学との共催によるそのキャンプでは、降るような星空を観測したり、大自然をたっぷり味わったりと、子どもたちはいきいきと遊びまわり、感情を抑えることなく自由に振る舞っていたのが印象的でした。

その帰りのこと。私がたくさんの子どもたちを連れてリノ空港で右往左往していると、その姿に興味を持ったのでしょう。一人の男性が私の肩をポンポンと叩いてきました。

"What are you doing?"（ここで何してるの？）

私がサマーキャンプのことを説明すると、彼は名刺を差し出してこう言いました。

「それは素晴らしい。ぜひ、何か手伝えることがあったら連絡してください」

肩書には、政府観光局のディレクターとありました。彼は、このリノで国際会議や観光事業を展開しているとのこと。その場では時間がなかったので、それだけ話をして別れたのです。

それから何カ月かのち、「翌年のサマーキャンプはもっと大規模なものにしよう」という話がでてきたときに思い浮かんだのが、リノ空港で会った男性のことでした。

Eメールなどない時代ですから、ていねいな手紙を書きました。幸いにもよい返事がきて、ネバダ州立大学リノ校の担当者を紹介してくれ、その後、直接交渉をしていったのですが、かなり話が進んだところでなぜか話が止まってしまいました。

途方にくれた私は、再び政府観光局のディレクターに連絡を取ろうと考えていたとき、なんと世界観光フェアが東京のホテルで行われているのを偶然見つけ、ネバダ観光局がそこに参加していることを発見したのです。

そこで早速、滞在先のホテルのフロントに電話を入れてみたのですが、「すでにチェックアウトされています」という返事。

もしここで、「ああ、ダメだったか」とあきらめていたら、私の人生は大きく変わっていたに違いありません。

人生を変えた、私のセレンディピティ体験

私は必死でした。「チェックアウトされている」と言われても、そこであきらめるわけにはいきません。

「絶対にまだホテルにいると思うから、アナウンスしてください」と頼みました。

すると、彼は本当にホテル内にいて、電話に出てきたではありませんか。まさにこれから空港に向かうところだったとのことで、タッチの差でした。

空港に行く途中で会ってくれて、「話がそんなふうになっているとはビックリした。それでは、もっと良い人を紹介する」ということになり、ＮＩＣの前身となるネバダ州立大学日本校設立のキーパーソンとなる、ニール・ファーガソン氏を紹介してくれたのです。

話がとんとんと進んで私が意気揚々とリノに乗り込むと、空港でニールが待っていてくれました。

ニールからは、なぜこうしたことをしているのかと聞かれ、それまでの経緯を話すと、彼はこう言ったのです。

"It's a serendipity!"（それはセレンディピティだね！）

この「セレンディピティ」という言葉は、ゴシック小説の大家ホレス・ウォルポールの童話『セレンディップの三王子』に由来しています。

主人公は、昔々セレンディップ王国にいた三人の聡明な王子です。王子たちはセレンディップ王である父に、見聞を広めるために航海に出たいと申し出ます。

父からは、竜の珠《たま》などの宝物を持ち帰るという困難な課題を与えられ、王子たちは綿密な計画を立てて船出します。

ところが、行く先々で暴風雨に見舞われたり、海賊に遭遇したりと、次々に予期せぬ出来事が起こってちっとも計画どおりにいきません。

でも、王子たちはそのたびに果敢に立ち向かい、成長していきます。そして、本来の目的である宝物は発見できませんでしたが、船出する前には予想もしていなかった貴重な体験を得て帰ってきたという話です。

こうして「セレンディピティ」という言葉は、偶然の「予期せぬ良い出来事」といった意味に使われるようになりました。予期せぬといっても、日本のことわざにある「棚からぼたもち」とはかなり違います。

努力もせずに、ただ単に待っているのではなく、積極的に〝何か〟を求めた結果として得る体験だからです。しかもその体験を自分に有意義なものとするポジティブな発想が根本にあるのです。

私のやってきたことが、その「セレンディピティ」と言われて、とても嬉しく感じたのを覚えています。

その後、ニールがネバダ州立大学の学長室で、私たち（仕事仲間）を学長に紹介してくれました。

“They are good people.”（彼らはいい人たちです。）

このたった一言で、私たちの仕事が始まったのです。

運命的な出会いがつながり、この三年後にネバダ州立大学日本校が誕生しました。それはまさに、「セレンディピティ」の結実だったといってよいかもしれません。

セレンディピティを呼び込む2つの条件

セレンディピティを起こすには、二つのことが大切です。

一つはあきらめないで行動すること、もう一つは好奇心です。

あきらめないで行動することの大切さは、すでに述べた通りです。「もうダメだ」なんて思わないこと。必ずどこかで何かがつながってくるという強い意思をもって行動をすることが必要です。ただ偶然を待っていては、セレンディピティは起こりません。

若いころ、私は「あなたはラッキーね」と言われたことがありますが、ラックが勝手に飛び込んできたわけではありません。それなりのことを考えて行動していたからこそ、さまざまな話がやってきたわけです。

考えも行動もしないことには、ラックはめぐってこないのです。

そして、好奇心もまたセレンディピティには不可欠の要素です。

そもそも好奇心がなかったら、目の前に「ラック」が転がっていても気づかずに通り過ごしてしまうことでしょう。

大切なのは、人でも物でも事柄でも、なんでもいいですから好奇心を持つことです。そうした好奇心を持っていると、だんだんと直感が働いて、ものごとの本質が見えてくるようになります。

ノーベル賞受賞者の伝記や談話によれば、必ずどこかでセレンディピティが起きたというエピソードがでてきます。

なにか間違ったことをしたり、実験に失敗したりしたことがきっかけで、新しい発見や発明に結びついたというのです。

古くは、世界初の抗生物質であるペニシリンを発見したアレクサンダー・フレミングのエピソードが有名です。

細菌を培養しているシャーレに、誤ってアオカビをはやしてしまったのですが、よく見るとアオカビの周囲だけ細菌が繁殖していない。そこで、アオカビには細菌を殺す力があるのではないかと考えて、アオカビに含まれる抗菌性の物質を発見するに至ったという話です。

もしこのとき、細菌の培養という目的ばかりにとらわれていたら、「しまった、せっかくの培養を失敗させてしまった」と落胆して、すぐに捨ててしまったに違いありません。

でも、フレミングはそうではありませんでした。彼は、生物学全体にかかわる幅広い好奇心を持っていたために、直感力が働いてこの現象を見逃すことがなかったのです。

好奇心を失わずに行動していれば、いつか必ずセレンディピティが起こります。

ＮＩＣでも、昔から映画を撮りたいという夢を持っていた学生たちがいます。そして、ＮＩＣと出会い、自分たちの夢を支えてくれる人と出会いながら映画に対する好奇心を持ち続け、世界のトップスクールであるＵＳＣやＵＣＬＡの映画学部に入り、自分の道を歩み続けています。

好奇心を持っている人は、ものごとに素直に感動できます。そして、その感動が周囲にも伝わって、「この人のために何かしてあげたい」という気持ちにさせるのでしょう。

だからこそ、セレンディピティが起きるのです。

序章にも書きましたが、NICに六〇歳で入学したKさんも、まさにそうしてセレンディピティを体現した人の一人でしょう。

Kさんが NIC時代からずっとつねに一番前の席に座り、一生懸命に学んでいたことが、周りのクラスメートや先生たちの心を動かしていったのです。

アメリカという国は結果がすべてだと考えられがちですが、けっしてそんなことはありません。アメリカには頑張っている人を必ず助ける「見捨てない教育」があるとKさんも言っていました。

もちろん、いい加減な気持ちで結果も悪ければ、それは認められませんが、Kさんは誰もが助けたくなるぐらいの頑張りを見せていたのです。だからこそ、そこにセレンディピティが起きたのです。

お金もあとからついてくる

すぐに言い訳をするのは私たち日本人の悪い癖だと思います。

私はいろいろな所で、いろいろな年齢層の人たちに講演をしていますが、「若かったらＮＩＣに入学したい」。「留学してみたいけれど、お金がないから無理」ということを言われる人もいます。

でも、Ｋさんの姿を見ていたら、「もう年だから」という言い訳などできません。また、お金がなくても、新聞奨学生をしながら一日十時間の勉強をしている学生がＮＩＣにはたくさんいるのです。

そうやって本気でがんばれば、必ずセレンディピティは起こります。人が集まって助けてくれますし、夢が向こうからやってくるのです。それを起こすかどうかは、その人の純粋な気持ちによるしかありません。

その点でいうと、確かにアメリカというのは寛大な国です。がんばっている人には、必ず助けの手を差し伸べるからです。

以前、ノーベル物理学賞受賞者であるジェローム・アイザック・フリードマン教授にお会いしたとき、興味深いお話をうかがったことがあります。

フリードマン教授はロシア移民の両親のもとに生まれて、シカゴの貧民街で育ったのだそうです。ですから、資金もなにもなかったのですが、懸命に勉強したおかげで、授業料はすべて国からの奨学金でまかなったといいます。

「最初は美術をやろうと思っていましたが、アインシュタインの研究に興味をもって物理学の道に入ったんです。周囲の人たちからは、いつまでそんな研究をやっているのかと言われましたが、ずっとそのまま研究を続けているうちに、一九九〇年に突然ノーベル賞をもらったのです」と話してくれました。

アメリカという国は、特に教育にかけては、日本の比ではありません。頑張る学生には、いくらでも奨学金や補助金を惜しみなく出してくれます。

日本の事情しか知らないと、お金がないと何もできないと思いがちですが、海外に出てみると、頑張っている人には国や団体からお金を出すという制度がいくらでもあるのです。

もちろん、ＮＩＣの卒業生にも、海外で奨学金をもらって勉強している人はたくさんいます。世界を見渡したら、お金がないから勉強できないというのは、単なる言い訳にしかすぎないことがわかるでしょう。

自分の中の「心のリミット」を外そう

私はこの本で、クリティカル・シンキングを養う欧米の教育の長所を述べてきました。だからといって誤解していただきたくないのは、私はけっして欧米の考え方が何よりも素晴らしくて、欧米人が優れていると言いたいのではありません。ただ、その教育スタイルは日本人にとっても必要であり、学ぶべきであると考えるのです。

欧米の教育スタイルを学ぶことによって、日本人がコミュニケーション能力を身につければ、日本人が持っている素晴らしい資質や文化的な価値を、世界に知らせることが初めて可能になると思うからです。

ところが、日本人が英語も話せず、自分も表現できないのでは、いくら資質や文化が素晴らしくても、それを世界に伝え、役立ててもらうことはできません。相手がアメリカ人だろうが、イギリス人だろうが、誰とでも同等にコミュニケーションができ、きちんと議論ができなくては、どんなに中身があっても、取り残されてしまいます。

英語で授業をすると、生徒がアメリカナイズされて日本文化の良さが失われてしまうという議論があります。でも、そんなことはありません。それどころか、英語や欧米文化を知れば知るほど、日本文化に対する造詣が深くなっていくことがわかります。そして、日本の中にいただけでは、その本当の深さも気づかず、見逃してしまいます。外に出てみて、初めて日本の良さを実感できるのです。それだけ、日本の文化には深みというものがあると私は確信しています。

私は、最近「気」について学んでいますが、それを通じて感じるのは日本文化の深さと同時に、人間の可能性の素晴らしさ、そして常識を取り外すことの大切さです。「自分の実力はこのくらいだ」というリミットを持っている限り、私たちはそれを超えることはできません。しかし、その心のリミットを外すことで、思いも寄らなかった実力を発揮することができるのです。

ＮＩＣの一五期生であるＲ君は、合気道や空手といった従来の武道をすべて経験したのちに、「心氣流」という新しい流派の創始者となり、日本やアメリカにも数多くのお弟子《でし》さんがいます。私もその一人です。

彼は「気」を使う「合気」から、今ではその上のレベルである「愛気」に到達しています。これは文字通り「愛の気」によって周囲を包み込むものです。

合気も愛気も見えないものを感知するのですから、これはまさに日本の美です。しかも私たちが持っている常識を簡単に破っていきます。私たちが持っている可能性は無限であるということも「気」を学んでいると強く感じます。

これは一例ですが、日本にはこうした奥深さを持った文化があります。でも、どれだけ尊敬すべき文化や考え方を日本人が持っていても、今の時代には、英語が話せないとそれを海外に伝えることができません。

もちろん、英語がしゃべれるからといって、すぐに国際人になれるわけではありません。大切なことは、世界の一員としてどこにでも通用する国際人になるためには、まず日本人としての文化や誇りをきちんと持つことです。それを忘れては国際人にはなれません。

そして、そのうえで、世界の人とコミュニケーションができるツールとしての英語が使えることが、これからの時代に不可欠なのです。

誰もがもっている マイ・ミッション

すでにご紹介した、遺伝子研究の権威である村上教授が、
「遺伝子の研究はね、生きているということは奇跡だということを知る学問なんです」と話してくれました。ＮＩＣに入ってくる学生の中には、以前は生きる意味が分からなかったという人もいます。でも、人はみな一人ひとりが、この奇跡といえる生命をいただいたときから、自分の使命“mission”に向かって歩き出しているのだと思います。

missionと出会うため、多くの学びと、数々の体験をし、自分の場所に行き着くのだと思います。

英語の学習方法を書いてきましたが、英語という言語を学ぶことは、日本という枠からも出て、世界の様々な国の人、文化などにふれ、自分が探していた場所、使命を探すことにあります。

ＮＩＣに来る学生たちは自分の夢を探し、叶えて、そして、社会のために貢献したいと口をそろえて言います。英語を体得し、それぞれの好きな分野を極めることは、自分の人生の舞台が日本の中だけでなく、広い世界につながるということです。

私も教育に携わりたいという夢が小さい頃から漠然とありました。そして留学を通し、いろいろな体験から、今の国際教育につながりました。そして、４章でふれましたが、亡くなった娘、香里がこのＮＩＣ生であったということも、私がこうして、若い人たちを育てていく使命につながったと思っています。

何もない全くゼロからスタートしたこのＮＩＣの欧米スタイルの教育ですが、多くの学生の夢を支え、日本や世界の様々な分野で海外の人たちとともに活躍しているＮＩＣ生を想うとき、人生で起こる全ての偶然は、“it's meant to be”（起こるべくして起こった）と思わざるを得ません。
最後に、〝香里〟が残した言葉を皆さんにお贈りします。
人生で起こることに偶然はなく、すべてが必然でしかない。
そしてそれは、生きていくうえで絶対に必要なことで、
そのときどんなに悲しく、むなしく、また無意味に思えることでも、
そのひとつひとつが自分の心の中で大きな支えになるときが、
いつか必ずやってくる。

誰にも使命があるということ、そしてその道はしっかり用意されているということ。〝英語〟というツールを通じて、広がる自分の可能性を知り、この世に生まれた幸せにあらためて気づいてください。その道が険しければ険しいほど、より輝く未来が待ち受けています。ぜひ、自分の新たなる道の一歩を踏み出し、そしてまた一歩と歩き続けてください。いまの自分に満足せず、夢に妥協せず、ずっと成長していけるか否かは、皆さんにかかっているのです。

おわりに

ＮＩＣにいると、毎日のようにＯＢ・ＯＧたちが訪ねてきてくれます。

「ハワイの大学で天文学を学んで、いまは夢だった天文台で働いています」

「バークリー音楽大学を卒業して、いまは作曲家として活躍しています」

「ＮＩＣ時代は面倒をかけた学生ですが、アメリカの大学の観光学部を無事卒業し、いまはアメリカで、観光の仕事をしています。長い間の夢が叶ってとうとうアメリカの永住権が取得できました！　青森の田舎から出てきて、ここ（ＮＩＣ）が原点で、ここまでになったことをお知らせしたくて……」

などなど、幸せいっぱい、伝えたいことといっぱいの顔をして、報告に来てくれるのです。

みんなＮＩＣで英語を学び、それぞれの夢に向かって世界に羽ばたいていった人たちです。そんな彼らが、まるで巣に帰ってくるように訪ねてきてくれるのですから、これほど嬉しいことはありません。

この本でお話しさせていただいたＮＩＣ流の「英語を学ぶ」ということ。それはただ単に外国語を学ぶということではないということが、お分かりいただけたと思います。

英語を学ぶことを通じて「異文化」を学び、そして、逆に自分が生まれ育ってきた日本の文化を強く意識し、日本人としてのアイデンティティを持つこと。

英語を学ぶことを通じて「論理的思考法（クリティカル・シンキング）」を学び、ディスカッション能力など世界で通用するコミュニケーション能力を習得するとともに、これも逆説的になりますが、明快な日本語を話せるようになること。

また、英語を学ぶことを通じて「表現することの楽しさ」を知り、日本の詰め込み（インプット・オンリー）型教育に欠けていたアウトプット能力を身につけること。

英語を学ぶことで、様々なことを習得できるのです。それが人生の道を大きく広げ、ご自身の豊かな成長にもつながります。

現在、ＮＩＣでは一六歳から七十三歳の人達が学んでいます。退路を絶って入学し、新たな人生を築いていきたいという社会人、主婦、大学院への進学希望者、そして、本気で学びたいという大学生も編入してきます。学びは、誰でもいつからでもスタートできるのです。

英語を学ぶことや、海外で学ぶことで、どの世界でも生きられる、通用する知的体力と精神力が養われます。

そして、英語は世界の共通言語です。英語を身につけると、世界のどこでも働けます。

世界中のライバルたちと同等に競い合えるようになります。自分が活躍できるフィールドが、それまでとは比較にならないほど広がるのです。ＮＩＣを訪ねてきてくれるＯＢ・ＯＧたちが、それを証明してくれています。

彼らはみんなＮＩＣ時代から夢を持っていました。
その夢を叶えた人、途中で変わった夢を叶えた人、まだ夢を叶える途中にいる人、そしてまた新たな夢を探している人……。いろいろですが、共通するのは夢というものを特別なものと考えず、自然に捉えていることです。

でも実は、世界中の誰もがみんな、夢を持っているはずです。
みなさんも夢を持っていることでしょう。
夢は、持っているだけでも素晴らしいことだと思います。
でも同時に、持っているだけでは、もったいないものです。
夢は見るためにあるのではなく、叶えるためにあるものでしょう。
英語を学ぶことは、夢を叶えるためのゲートウェーになるのです。

いつからか日本は、閉塞感に満ちた時代にあるといわれています。
生きにくさを感じている若い方も少なくないかもしれません。
でも、いつの時代も自分自身がしっかりと夢を持ち、それに向かってがむしゃらに生きていれば、生きにくさを感じることなどないのです。どこかに「セレンディピティ」が待っているのです。

この本をただ単に「英語を学ぼうか」と思って、手に取っていただいた方も多いかもしれませんが、読んでいただいた感想はいかがでしたか。これを、「セレンディピティ」と思っていただけたら、これ以上の喜びはありません。

みなさん一人ひとりが夢を叶えるために動き始めれば、世の中は変わります。日本が変わり、世界が変わっていくのです。

ＮＩＣ流の英語の学びで、世界を、日本を、そしてその前に自分自身を変えられると思いませんか。

What do you think?

廣田和子

著者紹介

廣田和子 教育学博士。米国ミズーリ州オザークス大学卒業。2003年ネバダ・カリフォルニア大学国際教育機構Japan（現NIC International College in Japan）代表、1997年㈶国際教育協会常務理事に就任。2000年、ハーバード大学教育学大学院MLE課程を修了し、翌年には日本人として初めて米国TOEFL理事会理事に就任。20年以上、国際教育に携わり、7,500人を超える留学生を送り出す。著書に、『きみは変われる！』（草思社）、『海外留学ハードbut楽しい』（教育家庭新聞社）などがある。

●ホームページ
http://www.hirotakazuko.net/（Hirota Kazuko.net）
http://www.nicuc.ac.jp/（NIC International College in Japan）

「使《つか》える英語《えいご》」が一気《いっき》に身《み》につく
魔法《まほう》の英語《えいご》学習法《がくしゅうほう》

2009年12月25日 第1刷
2013年7月10日 第3刷

著　　者　廣《ひろ》田《た》和《かず》子《こ》

発 行 者　小澤源太郎

責任編集　株式会社 プライム涌光
電話 編集部 03(3203)2850

発 行 所　株式会社 青春出版社
東京都新宿区若松町12番1号 〒162-0056
振替番号 00190-7-98602
電話 営業部 03(3207)1916

印 刷 堀内印刷　製 本 大口製本

万一、落丁、乱丁がありました節は、お取りかえします。

ISBN978-4-413-03737-2 C0030